シリーズ 現代日本語の世界

佐藤武義
［編集］

現代外来語の世界

小林千草

［著］

朝倉書店

シリーズ《現代日本語の世界》
編集にあたって

　私たちは，話したり聞いたり，または書いたり読んだりする，目の前の日本語を観察すると，あまりにも変化に富み，かつ新しいことばが絶えず生まれていることを知り，感心するとともに驚くことが多い．

　この現代の日本語に，どうしてそのような変化が生じ，新しいことばが現れるのか疑問に思うが，これに答えることは容易ではない．しかし疑問に答えることが容易ではないからといってそのままにしておくことをせず，それに答えるべく努める必要がある．そのためには，現代日本語の生態を，多角的に観察・整理し，これを分析して疑問の生じた点や新しいことばが生まれる環境を提示して，「これが現代日本語の実態である」と示すことが重要である．

　本シリーズは，この現代日本語の実態を踏まえ，最前線の現代日本語の情報を分野ごとに，話題ごとにホットな形で提供しながら，疑問点や新しいことばの誕生を明らかにする意図のもとに企画した．

　末筆ながら，意欲に満ちたこのような企画を提案された朝倉書店に厚く御礼を申し上げる次第である．

編　　者

まえがき

　読者の方々の小学生時代，どんな外来語——カタカナ語が身のまわりにありましたか．
　私は，京都で小学校時代を過ごしていました．
　　　「大丸デパート」「比叡山ケーブル」「都ホテル」「レストラン　アラスカ」
母と出かけたことのあるカタカナ語の世界です．
　近所の奥さんが母に「モダン」だの「ハンサム」だの「スマート」だの，京都アクセントで入れこんで話しているのを，ちょっと不思議な気持ちで聞いていた覚えがありますが，私も中学生・高校生になると，これらの語を京育ちの友人とやりとりするようになりました．
　子どもは親たちのことばを聞いて覚え，いつかそれらのことばの使い手となりますが，現代ではテレビという大媒体がリビング（居間）に子守りの段階からいますから，カタカナ語の吸収は，私の子ども時代より何十倍も早く大量になされることと思います．
　そして，一方，年齢をかさねた私を含めて高年齢者層にはなかなか覚えられない，パソコン用語や社会用語（世界のニュースとしてトピックとなった科学・医学・政治用語を含める）を耳にする機会が多くなりました．日頃接する学生たちでさえ「わからない」と言いますから，老年層ではなおさらです．
　人間の覚えてかつ使いこなす言語量にある程度の容量が決まっているとしたら，カタカナ語が増えた分，圧縮され，窮屈になっていることばは何でしょうか．
　「桜」や「犬」「猫」を，日常語として「チェリー　ブロッサム」「ドッグ」「キャッツ」などと言う人はほとんどいないでしょうが，毛染めを「ヘアカラー」，服選びがうまいことを「センスがいい」，均衡がとれていないことを「アンバラ

ンスだ」などとは，よく使っているのではないでしょうか．

　戦後の民主主義社会への移行，世界へ大きく窓を開けた日本……　その社会変化が欧米の外来語をどんどん増やし，ここ二十年ほどのインターネット社会が，日本と世界などという区分けの不必要な世界的同時性を確保したため，インターネットに関わる英語が，漢語や和語での言い換えのフィルターを通さず，直（ただ）ちにカタカナ語として飛び込んで来ています．

　戦後五十年という区切りをもつ現在（いま），ヨーロッパの言語がキリシタンという小窓から入りこんだ室町時代後期や，欧米の文化・文明が憧れと夢をまといつつ流入して来た明治時代における外来語（カタカナ語）受容の歴史をふりかえり，私たちの身のまわりの品々からカタカナ語を点検して，今後，日本語の使い手としての私たち一人一人がどうすればよいかを考えるよすがに，本書がなってくれることを祈っております．

　2009年　若葉の美しい候に

　　　　　　　　　　　　　　　　　　　　　　　　　　　　小　林　千　草

目　次

序章──**外来語の規定と問題点** ………………………………………… 1
　1.「外来語」の概念と用語　　1
　2. 外来語の受容史と現状に関する問題点──本書の構成紹介──　　4

第1章　外来語受容史から辿る「現代」（一）──キリシタン時代と「現代」… 6
　1.「マルチル」「マルチリヨ」の場合　　6
　2.「スピリツ」「スピリット」の場合　　10
　3.「エスペランサ」と訳語のこと　　13
　4.「レスレサン」と訳語のこと　　16
　5. ま と め　　20

第2章　外来語受容史から辿る「現代」（二）
　　　　──100年前『三四郎』の外来語と「現代」……………………… 23
　1.『当世書生気質』の書生たちと『三四郎』　　23
　2.『三四郎』の国名・都市名・人名・書名の表記と発音　　25
　　(1) 国名・都市名　　25
　　(2) 人　名　　28
　　(3) 書　名　　29
　3.『三四郎』の外来語と「現代」　　29
　　(1) 語頭音や出自など　　41
　　(2) 表記法──カタカナ・漢字（カタカナルビ付き・ひらがなルビ付き）
　　　　　　　　　　　　　　　　　　　　　　　　　　　　　　　42
　　(3) アングル──角(かど)と角度／シーツとシート／ワットマン／ライスカ

　　　　　　レー　47
　　(4)　ページとビール　49
　　(5)　「迷へる子」「stray sheep」「迷羊」　50
　　　　　　ストレイ,シープ　　ストレイ　シープ　　ストレイシープ
　4.　おわりに　56

第3章　「和製英語」を考える……………………………………… 58
　1.　和製英語とは　58
　2.　和製英語の研究史と課題　60
　3.　外来語と和製英語のはざまを見つめる――外来語のかぎりなく日本的な使い方――　61
　4.　おわりに　70

第4章　若者語・流行語としての外来語………………………… 73
　1.　はじめに　73
　2.　「リベンジ」「ゲット」「ターミナル」「スピリッツ」「ミレニアム」「メモリー」「キャラ」「アバウト」　73
　　(1)　リベンジ　73
　　(2)　ゲット　74
　　(3)　ターミナル　76
　　(4)　スピリッツとスピリット　77
　　(5)　ミレニアム　78
　　(6)　メモリー　79
　　(7)　キャラクターとキャラ　80
　　(8)　アバウト　81
　3.　「リベンジ」に関する史的考察と若者の言語内省　83
　　(1)　はじめに　83
　　(2)　ミニ論文を読んでの学生のコメントと内省　84
　　(3)　「リベンジ」受容史再釈とまとめ　99
　4.　おわりに　100

目　次

第5章　日常生活の中の外来語 …………………………………… 103
1. 外来語の現状を知るための資料　103
2. 洋の香りのする物より　103
   (1) リンゴジュースのパッケージより　103
   (2) ドーナツのパッケージより　111
3. 和の香りのする物より　114
   (1) 米のパッケージより　114
   (2) そうめんのパッケージより　115
   (3) 干ししいたけのパッケージより　115
   (4) 和風おつまみのパッケージより　116
4. おわりに　117

第6章　外来語の「現在」──インターネット語の急増 ………… 119
1. 国政としての「外来語問題」　119
2. 学生たちの「カタカナ語の認識と使用」　125
   (1) 「アイドリングストップ」～「リスク」30語の場合　126
   　1) アイドリングストップ　129
   　2) アクセス　130
   　3) イノベーション　130
   　4) インターネット　131
   　5) インターンシップ　132
   　6) オピニオン　133
   　7) オブザーバー　133
   　8) キャピタル・ゲイン　134
   　9) ケア　134
   　10) コーディネート　135
   　11) コンセンサス　135
   　12) コンソーシアム　136
   　13) シェア　136
   　14) スクーリング　137

15）セキュリティー　　137
　　　16）テーマ　　138
　　　17）デジタル・アーカイブ　　138
　　　18）トレンド　　139
　　　19）ノーマライゼーション　　139
　　　20）パートナーシップ　　140
　　　21）パフォーマンス　　141
　　　22）ビジョン　　142
　　　23）フロンティア　　142
　　　24）ポテンシャル　　143
　　　25）ホワイトカラー　　143
　　　26）マーケティング　　143
　　　27）モチベーション　　144
　　　28）モニタリング　　145
　　　29）ライフスタイル　　147
　　　30）リスク　　147
　　（2）外来語の言い換えと「理解度」　　148
　3．おわりに　　151

第7章　外来語研究の「現在」……………………………154
　1．『国語年鑑』2005年版より　　154
　2．『国語年鑑』2006年版より　　158
　3．2004〜2005年の動向　　165

終章──ささやかな提言……………………………167

索　引……………………………169

序章
——外来語の規定と問題点

　現代における外来語の世界へ足を踏み出すにあたって，準備が必要である．その一つが，「外来語」の概念と用語をおさえること——つまり，外来語の規定であり，他に，外来語が歴史的にもつ「受容史」という問題点や，現代社会でもつ問題点を認識することである．序論において少しくこのことに触れ，本書の構成とも深くかかわる方向性を示しておきたい．

1.「外来語」の概念と用語

　「外来語」とは，もとは外国語であるが，取り入れられて日本語の一部として用いられるようになった語をさし，狭義には，漢語を除いて考えるのが一般的である．

　ただし，『日本国語大辞典』(第二版，小学館)における「外来語」の語釈を生かしつつ以下に示すような，"ただし書き"を念頭に入れて扱われるのが普通である．

　〈ただし，近代・現代の中国語から取り入れたもの——「一(イー)」「高粱(コーリャン)」「餃子(ギョーザ)」などは，「外来語」の中に含める場合もある．

　「外来語」の中には，「オールドミス」「ナイター」など，本国ではそのような言い方をしないものがあり，それらは「和製英語」と呼ばれることが多いが，必ずしも英語にもとづくとは限らない．

　梵語(サンスクリット)の古い時代の音訳語——「涅槃(ネハン)」「阿

闍梨（アジャリ）」などは漢字で記されることもあって，普通には「外来語」より除いて扱われる．〉

さて，『日本国語大辞典』（第二版，小学館）に拠ると，「外来語」という語の初出例として，言語学者・国語学者である上田万年（かずとし）（1867-1937）の著作『国語のため』（1895年）における，

　　采覧異言と西洋紀聞とは、<u>外来語</u>研究上の資料になるもので

が，ついで，金沢庄三郎編の辞書である『辞林』（明治44年〈1911〉版）における，

　　<u>ぐゎいらいご（外来語）</u>外国語より借入したる語

が，あげられている．

「外来語」と同じような意味合いで，「洋語」という語も使われることがある．『日本国語大辞典』（第二版）を参照すると，

・太政官第二一四号-明治5年（1872）8月2日・30章（法令全書）「当今中学の書器未だ備らず、此際在来の書によりて之を教るもの、或は学業の順序を踏まずして<u>洋語</u>を教へ、又は医術を教るもの、通して変則中学と称すべし」
・漫遊記程（中井弘，1877）「僅に二三の<u>洋語</u>を解するも、徒に起臥出入の用をなすのみ」
・当世書生気質（坪内逍遙，1885-86）11「<u>洋語（ヤウゴ）</u>まじりにつぶやきたる」
・俳句問答（正岡子規，1896）「第四、我は音調の調和する限りに於て雅語、俗語、漢語、<u>洋語</u>を嫌はず」

などの例があげられているが，全て，「西洋諸国のことば」という段階にとどまっている．このことは，森鷗外の『最後の一句』[注1]（1915年）の例，

元文頃の徳川家の役人は、固（もと）より「マルチリウム」といふ洋語も知らず、又当時の辞書には献身と云ふ訳語もなかつたので、人間の精神に、老若男

女の別なく、罪人太郎兵衛の娘に現れたやうな作用があることを、知らなかつたのは無理もない。

や，夏目漱石の『三四郎』[注2]（1908年）の例，

「なんだも無いものだ。もう少し普通の人間らしく歩(ある)くがいゝ。丸で浪漫的(ロマンチツク)アイロニーだ」三四郎には此洋語の意味がよく分(わか)らなかつた。仕方がないから、「家(いへ)はあつたか」と聞いた。（略）其晩取つて返して、図書館で浪漫的(ロマンチツク)アイロニーと云ふ句を調べて見たら、独乙のシユレーゲルが唱へ出した言葉で、何でも天才と云ふものは、目的も努力もなく、終日ぶら〳〵ぶら付いて居なくつては駄目だと云ふ説だと書いてあつた。（四）

を読むと，さらに明白となる．このことから，明治〜大正期においては，「洋語」は「西洋語」であり，「外国語」であって，現在私たちのいう「外来語」ではなかったことが知られる．そこで，本書では，混乱をさける意味で，「洋語」という語を用いない．

「外来語」をさす語として，現在，「カタカナ語」がよく使われている．マスコミなどが現在の日本語事情をレポートする際に使い，筆者自身も，現代若者ことばとしての，また流行語としての性格を有する「リベンジ」「ゲット」などを扱った論考（第4章参照）において，「カタカナ語」の方を用いた．外来語はカタカナ表記されるという特性を強調した用語であるが，「オールドミス」「ナイター」などの「日本製の外来語」（「和製英語」）まで含みこめることができるので，本書でも適宜使うことになるであろう．なお，この「カタカナ語」については，『広辞苑』（第五版）[注3]には立項がなく，『日本国語大辞典』（第二版）は「片仮名語」という表記で，

　　ふつうかたかなで表記される語。特に、外来語や和製外国語をいう。
と説明している．用例はあげられていない．

2. 外来語の受容史と現状に関する問題点——本書の構成紹介——

　外来語が日本に初めて入ってきたのは，室町時代後期，キリシタン伝来の時期である．セズ-キリシト（Jesu Christo〈ポルトガル語〉以下略号〈ポ〉），サンタ-マリヤ（Sancta Maria〈ラテン語〉以下略号〈ラ〉）などの固有名詞，キリシタン（Christão〈ポ〉），デウス（Deus〈ラ〉）などの語，エケレジヤ（Ecclesia〈ラ〉教会），クルス（Cruz〈ポ〉十字架），コンタス（Contas〈ポ〉念珠）などの建造物や品物，コンパニア（Companhia〈ポ〉会），コレジヨ（Collegio〈ポ〉学林）などの組織名，そしてオラショ（Oratio〈ラ〉祈り），コンヒサン（Confissão〈ポ〉告白・告解），バウチズモ（Bautismo〈ポ〉洗礼）などの宗教的行為を表わす語，さらには，コンシエンシヤ（Consciencia〈ポ〉良心），ジュスチイサ（Justiça〈ポ〉正義），スピリツアル（Spiritual〈ポ〉霊的）など深い思索に関する語も流入された．

　しかし，徳川幕府により徹底化された禁教令によって，それらの語は日本語の表層より姿を消し，かろうじて生活用品として江戸時代以降も日本人に愛好されたタバコ（tabaco〈ポ〉），カッパ（capa〈ポ〉），メリヤス（medias〈スペイン語〉以下略号〈ス〉），シャボン（jabón〈ス〉）などが残ることとなった．ただし，このカッパもメリヤスも，現代若者層においては，縁遠い語となっている．

　本書では，現代とも深くかかわるこのような現象について，

第1章　外来語受容史から辿る「現代」（一）
　　——**キリシタン時代と「現代」**

として，考えていく．また，鎖国下の江戸時代にオランダを通じて入って来た外来語や幕末から明治期に大量に流入して来た英語圏の外来語も問題となる．そのうち，明治時代の外来語とその特質について，

第2章　外来語受容史から辿る「現代」（二）
　　——**100年前『三四郎』の外来語と「現代」**

として，考察を進めたい．特に，100年前に成立した夏目漱石『三四郎』における外来語の様相を観察することは，現在より100年後の外来語の様相を推

測するために，是非必要なステップであると考える．

「過去」をおさえ，「過去」の時点では「未来」として存在していた「現代」を少々おさえたところで，現代社会において外来語の有するさまざまな問題点に目を向けていくことにするが，コンパクトな書籍という本書の性格より，以下の数章に焦点をしぼる．

第3章　「和製英語」を考える
第4章　若者語・流行語としての外来語
第5章　日常生活の中の外来語
第6章　外来語の「現在」——インターネット語の急増

第4，6章のテーマに関しては，筆者が小規模ながら試みたアンケート調査結果をも反映しつつ考察を深めたいと考えている．

過去を見，現在を観察したあとには，「外来語の未来」への展望が生まれてくるはずであるが，それは「終章」に記すこととして，その前に，

第7章　外来語研究の「現在」

という章を設けている．これは，近年の『国語年鑑』をもとに抽出した「外来語に関する先行論文リスト」であり，簡便な「外来語研究学史」でもある．巻末に「参考・参照・先行論文リスト」としてもってこなかったのは，これらのリストのテーマを"読む"ことが，すなわち，多くの人が感じる「外来語の問題点」を俯瞰する早道だと考えたからである．また年次を追って見ていくことにより，何が普遍的な問題点か，何が新しく問題となって浮上して来たかを把握できるものと考えている．

限られた紙幅の中で，気になりつつも扱うことのできなかった諸点についても，このリストおよび最新刊の『国語年鑑』を繙く(ひもと)ことによって読者をいざなうことができるものと，明るい見通しを立てている．

注1　筑摩書房刊『森鷗外全集』第3巻所収のものを底本とする．
注2　岩波書店刊の新版『漱石全集』第5巻所収のものを底本とする．
注3　執筆時点における，最も新しい版である．以下，同様．

第1章
外来語受容史から辿る「現代」(一)
——キリシタン時代と「現代」

1.「マルチル」「マルチリヨ」の場合

　本書の序章第1節において，次のような森鷗外『最後の一句』(1915年)の例をあげている．

> ①元文頃の徳川家の役人は，<u>固より「マルチリウム」といふ洋語も知らず</u>，<u>又当時の辞書には献身と云ふ訳語もなかつたので</u>，人間の精神に，老若男女の別なく，罪人太郎兵衛の娘に現れたやうな作用があることを，知らなかつたのは無理もない。

　徳川幕府の禁教令によって，室町時代後期に伝来したキリスト教に関わる語は日本語の表層より消えていった．潜伏キリシタン——いわゆる「隠れキリシタン」のオラショ(祈り)などを通して，ごく一部の語が伝承されたとしても，それは日本人一般の使用語彙はおろか理解語彙にもならない．その意味で，『最後の一句』の下線(1)(2)の描写は，興味深い．
　キリスト教思想の根付いたヨーロッパにおける「マルチリウム」の精神作用を，鷗外はここで，罪人太郎兵衛の娘の崇高な，そして最も純朴な心の動きとして最もふさわしいものとして引き合いに出していることになる．
　実は，この「マルチリウム」は，「マルチリヨ」(Martirio〈ポ〉)「マルチル」(Martir〈ポ〉)の形で，「殉教」「殉教者」を意味する「本語」(Fongo.)として

1. 「マルチル」「マルチリヨ」の場合

キリシタン時代にすでに使われていたのである．

『日葡辞書』注1の「Fongo.」項を引くと，

> ②原文，または，ある原文の典拠．例，Fongouo fiqu. 原文などを引用する．

と説明されているので，「原語」つまり，「外国語」であり，そのままの形で取り入れられた際には，「外来語」と受けとることができる注2．

今，筆者は「殉教」「殉教者」の語（漢語）を引き当てたが，キリシタンが伝来した当時にこの漢語はいまだ存在していない．存在したのは「捨身（しゃしん）」という語（漢語）である．『日本国語大辞典』（第二版，小学館）や手元のカードを元に簡単な語史を描くと，釈迦仏がわが身を捨てて飢えた虎に食を与えたように，「身命を捨てて仏などを供養すること，また，その行（ぎょう）」の意で，611年成立の『勝鬘経義疏』摂受正法章には「今云、捨命・捨身皆是死也」とあり，覚一本『平家物語』灌頂巻大原御幸には「捨身（しゃしん）の行（ぎやう）になじかは御身（み）ををしませ給ふべき」注3と山に花つみに出た建礼門院の行為につき，侍女の尼たる阿波内侍（あわのないし）が表現したセリフがある．室町期の狂言のことばを色濃く反映する大蔵虎明本狂言（台本）の「布施無経」における僧の説教にも，「捨身の行と云は、身をすてゆくとかひた、身をすつるといへども、海川山へはすてず、身をいとはぬ事をいふ」と使われ，仏教用語としての当時の流布状態を推しはかることができる．

日本イエズス会が 1603～1604 年に刊行した『日葡辞書』にも，

> ③ Xaxin. Miuo sutçuru. 自分自身を軽んじ蔑視すること．¶ Xaxinno guiŏuo suru. 自分の肉体を苦しめる，あるいは，苦行をする．文書語

とあるが，その原文に当たっても，

> ④ Xaxin. Miuo ſutçuru. Deſpreço deſimeſmo. ¶ Xaxinno guiŏuo ſuru. Mortificarſe, ou fazer penitencia. S.

図 1.1 オックスフォード大学ボドレイアン文庫蔵『サントスの御作業』の本文第一頁にあたる部分（勉誠社刊『サントスの御作業』影印篇 1 頁より）タイトルに例⑤の文章が見られる.

となっており,「martirio」の語は得られず, 当時の日本語としての「捨身」が, 本語「Martirio」や「Martir」の訳語としては使えないことが判明する.

では, キリシタン独自の概念としての「マルチリヨ」「マルチル」の日本語世界への導入のはじめを見てみよう.

事実上のキリシタン版の嚆矢とされる『サントスの御作業』[注4]（1591年加津佐版；図 1.1）は, キリシタン聖人伝であるが, その章題とも言える各逸話（伝）のタイトルには,

> ⑤貴きアポストロスなるサンペトロ　サンパウロの御作業, 並びにそのマアルチリヨの様体, これ数多のドウトレスの記録なり.
> ⑥サントアンドレ　アポストロの御作業, 並びにそのマルチリヨの様体. これサンアントニノの記録なり.
> ⑦サントジヤコブ　メノル　アポストロの御作業, 並びにそのマルチリヨ

> の様体．これエウセビヨ　セザリエンセといふ学匠の記録なり．

をはじめとして，ほとんどが「マルチリヨ」の語を含み，殉教をした聖人の伝記集であることがわかる．伝記を集めただけではなく，巻第二には「マルチレスの証拠，並びにその位高きことをあらはす心得のこと」，巻第三には「マルチリヨのことわり」などの殉教を支える理念が展開された章もあり，キリシタンの日本普及が当初から"殉教教育"であるかの感がある．

しかし，ある面では，これはいたしかたのないことで，「キリストに倣_{なら}いて」信仰生活をきわめるほど，キリストの受難（御パシヨン）注5 を観念するほど，人々のために喜んで「マルチル」となったキリストが厳然と存在するからである．元和年間頃の成立と見られる写本『丸血留の道』注6 は，潜伏キリシタンが伝承して来た書と考えられるが，本文中の宛字「丸血留」に日本化された殉教思想がうかがわれる．たとえば，

> ⑧六　丸血留ノ覚悟ノコト
>   去程ニ、右ニ云イシ如_{ごとく}、丸血留_{マルチル}ノ位ハ心言_{こころことば}モ絶ヘタル一事ナルガ故ニ、其位ニ置ン為ニハ、相応ノ下地_{したぢ}ヲ調_{ととのゆ}ル覚悟肝要也。サント-シピリアノ、丸血礼数_{マルチレス}達ニ遣シ玉御文ニ書玉ハ、「各_{おのおの}ヲ是程ノ高位ニ召上ゲ玉フ御コトハ、只一旦_{いつたん}ノ善力ニ非ズ。不断常住_{ふだんじようじゆう}御心ニ懸玉イテ深ク望玉ガ故也」ト書玉者也。勿論_{もちろん}此位ニ撰ビ出シ玉御方ハ㐧ニテ在マセドモ、吾等ガ方ヨリモ其力ヲ合セ奉リ、真実ノ望ニヲンタデノ領掌_{りようじよう}無キニ於ハ、丸血留_{マルチル}ニ成ルコト聊_{いささか}以不叶ル者也_{もつてかなわざ}。(以下，略) (『丸血留の道』 356頁)

の「丸血留」「丸血礼数」には，「本語」というよりも"外来語"としてキリシタン社会に受け入れられて来た風土を感じる．また，この⑧を含めて本書で述べられていることは，殉教至上主義ではなく，「丸血留」に至るほどの信心の持ち方を第一義に説いている．豊臣秀吉の晩年，徳川家康の治政下でいくつかの大殉教があり，それらを経過した上での，むしろ無駄な殉教を抑制するような文調をもつ．

寛永14年（1637）10月に島原の乱が起き翌15年2月に鎮静され，のち，

殉教事件は表立たなくなり，明治に至る．隠れキリシタンでもない一般の日本人の胸裏より「マルチリヨ」「マルチル」の語が払拭されて，二，三百年ほど経った状態で，森鷗外の①は記されたのである．そして，現代，芥川龍之介の『奉教人の死』(1918年）を読んで，

> ⑨二重三重に群つた奉教人衆の間から、「まるちり」（殉教）ぢや、「まるちり」ぢやと云ふ声が、波のやうに起つたのは丁度この時の事でござる。

のような文脈に出会ったことがないと，学生たちも「マルチリヨ」「マルチル」の意味を知らない．

2．「スピリツ」「スピリット」の場合

キリシタン用語として教義書・文学書に使われた語のうち，禁教下一旦途切れたものの幕末明治期に再びとり入れられ，現代語に生きているものに「スピリッツ」がある．本節では，中世から現代における「スピリッツ」の受容史を概観しておきたいと思う．

1595年成立の『*Compendium*（講義要綱）』[注7]の中に，次のような文章がある．

> ⑩去ハ、スピリツサントノ上ヲ論シ奉ルニ、スピリツサント、云辞ヲニサマニ安ク思スル事、悩フ也。一ニハスヒリット、ニニハサントハ、此二ノ辞也ト思案スル事。此二ツノ辞ノ心ハ、貴キ無色ノ体ト云心也。然ル時ンハ、パアデレヲモヒイリヨヲモスヒリツサント、申奉ルソ☆。サンチイシマチリンタアテノ三ノヘルソウナ、トモニ貴キ無色ノ体ニテ在マセハ也。二ニハスヒリットサント、此二ノ辞ハ、サンチイシマチリンタアテノ第三ノヘルソウナニ当奉ルヘキ一ツノ辞ノ代リ也。然ル時ンハ、第三ノヘルソウナハカリヲスヒリツサント、申奉ル也。スヒリットハ spirata persona ト云也。パアデレ、ヒイリヨ、spirata persona ニテ在マサネハ、スヒリツサント、申シ奉ル事ナキ也。只、第三ノヘルソウナ

2.「スピリッ」「スピリット」の場合

> ハカリ spirata persona ニテ在マス也。エスキリツウラニ第三ノヘルソ
> ウナノ沙汰ヲシ玉フ時、右ノ道理ヲ以テ、此第三ノヘルソウナヲ<u>スヒリ
> ツサント</u>、名付玉フ也。マテウス二十八ケ条ニ、パアデレ、ヒイリヨ、
> <u>スヒリツサント</u>ノ御名ヲ以テハウチイスモヲ授クヘシト宣フ時、第三ノ
> ヘルソウナヲ<u>スヒリツサント</u>、宣フ也。（242ウ）

　例⑩は『*Compendium*』において，「スピリツ　サント」が講義される初回部分である．「スピリツ　サント」は，

㈠「スピリツ」と「サント」の二語に分解して，「貴キ無色ノ体」と言う意味

㈡「スピリツ　サント」で一語であり，三位一体の時の「第三ノペルソウナ」（現代の訳語で言えば「聖霊」）を表わすことば

と，説明されている．抄物と同じゾ終止文をも用い^{注8}（☆印注目），きわめて講義口調の濃厚な文体をとっている．

　例⑩においては，「スピリツ」「スピリット」が8対3の割合で"ゆれ"を見せている．キリシタン用語の「スピリツ」「スピリット」は，ポルトガル語の「Spiritu」を音表象したものであるが，1591年版国字版『どちりいな-きりしたん』は「すぴりつ」であり，『サルワトル-ムンヂ』（1598年）も「すぴりつ」，『こんてむつす-むん地』（1610年）も「すぴりつ」であり，「スピリツ」が通用語形と思われる．

　一方，現代語の「スピリッツ」は，英語の「spirit」の音表象である．その英語も，明治期では，次に示すよう^{注9}に，「スピリット」「スペリット」で"ゆれ"を見せている．

> ⑪「其気風とは所謂『<u>スピリット</u>』なるものにて」（福沢諭吉『学問のすゝめ』四・学者の職分を論ず）
> 「是まで奴隷習になれし者も是では黙っておられぬと『<u>スペリット</u>』を興します」（『明六雑誌』27号　民選議院変則論〈阪谷素〉）
> 「仮令芸妓をして居たからって其<u>スピリット</u>〔気象〕さへ高尚なら」（坪内逍遙『当世書生気質』11）

「然れども其の有限なるは人間の精神(スピリット)にあらず」(北村透谷『明治文学管見』2)

　しかし，その"ゆれ"も「スピリット」に収斂されて昭和期に入ったものと見られるが，現代若者の代表である学生の中には，「スピリッツ」の語を使う者もおり，また，戦後に英語教育を受けた筆者も，実は「スピリッツ」表記派であるが，この二形について，辞書上の認定には大きな"ゆれ"が見られる．
　現在のところ，日本で最も規模の大きい国語辞書である『日本国語大辞典』第一版（昭和49年9月　第一版第1刷）には，「スピリッツ」の項目はなく，「スピリット」項のブランチ②「アルコール度の強い洋酒。ジン、ウォツカなど」にも「スピリッツ」の語が見当たらなかったが，第二版では，「スピリッツ」を空見出しとして掲載し，「⇨スピリット」とする．その上，「スピリット」項のブランチ②で，「スピリッツ」の語を説明（語釈）には使わないものの，

⑫酒税法（1953）三条・一二「『雑酒』とは、清酒、合成清酒、しょうちゅう、みりん、ビール、果実酒類、ウイスキー類、スピリッツ類及びリキュール類以外の酒類をいう」

という用例があり，変化が見られる．
　『広辞苑』をひもとくと，手元の第四版（1995年11月　第四版第5刷）では，

⑬スピリット［spirit］①霊。霊魂。精霊。精神。②気性。気風。意気。〈哲学字彙初版〉③酒精、転じてアルコール度の強い酒のこと。わが国の酒税法ではスピリッツといい、ジン・ウォツカ・ラムなどがこれに属する。

のように，「アルコール度の強い洋酒」として「スピリッツ」が見える．「第五版」（1998年11月　第五版）でも，「わが国の」が「日本の」となっている以外は変化がなく，①②の意での「スピリッツ」は求めることができない[注10]．ところが，『大辞林』（三省堂　1989年1月　第3刷）では，

> ⑭スピリット［spirit］〔スピリッツとも〕①精神。魂。「フロンティア――」「ファイティング――」②強い酒。ジン・ウオツカなど。

とあり，「アルコール度の強い洋酒」以外でも，「スピリッツ」の表記を認めている書き方がなされている．

とは言え，手元の小型辞書――『三省堂国語辞典 第三版』(1988年12月第31刷)・『福武国語辞典』(1989年9月 初版)・『新明解国語辞典 第四版』(三省堂 1991年11月 第6刷)・『現代国語例解辞典〔第二版〕』(小学館 1993年1月 第二版第1刷)・『例解新国語辞典 第四版』(三省堂 1993年11月第1刷)・『学研現代新国語辞典』(学習研究社 1994年4月 初版)は，全て，「スピリット」である．これら小型辞書は，中学生・高校生そして大学生が学習用として引くことが多く，その影響を考えると，しばらく「スピリット」の優勢は続きそうであるが，テレビ番組名として「徳光和夫の情報スピリッツ」注11などというものも存在するので，より英語らしき発音に馴れた人たちの間で，今後「スピリッツ」が増えてくる可能性がある．

3. 「エスペランサ」と訳語のこと

本章第1節の「マルチリヨ」「マルチル」，前節の「スピリット」は，キリシタン教義としての特殊な色合いを担った外来語であった．本節で扱う「エスペランサ」は，キリシタン教義に固有の語というよりは一般語の一つである．しかし，次に示す（⑮）ように『Compendium』においては，「エスペランサ」という原語（本語）をイエズス会としては使おうという姿勢を見せている．その理由を考えてみよう．

> ⑮三ニハエスヘランサ也。是、求メントスル事ノ難キト思フ時、意ニハ求メ得事叶フヘシト、心ニ頼敷ク思フ事也。喩ハ、デウス御与ヘノヒイテスノ光ヲ以テ、ヘナヘンツランサノ快楽ヲ得ル事叶フト思フ頼敷也。乍去、是、求難キ事ナルカユヘニ、此為ニデウスノカラサノ御合力入ル

> 思フ也。又、此御合力ヲ疑ナクデウスナシ玉フヘシト思フニヨテ、其御力ヲ以テヘナヘンツランサヲ求メ奉ル事叶フヘシトノ頼敷心ヲ起ス也。是ヲエスヘランサト云也。(略) エスヘランサハ、右ニ論セシ如ク、末タ持サル事ヲ求メント頼敷思フ心也。(313ウ〜314オ)

であり，「エスペランサ」(Esperança) に対して，「頼敷ク思フ事」「頼敷」「頼敷心ヲ起ス」「頼敷思フ心」という日本語が該当することが知られる．『羅葡日対訳辞典』注12 を検するに，

> ⑯ Spes, ei. 1. us. E∫perança de algum bē. Iap. Tanomoxi∫a, ∫uyedanomoxiqu vomô cotouo yŭ. (759頁)

とあり，「エスペランサ」がポルトガル語であり「たのもしさ，末だのもしく思う事を言う」意味であることがわかる．当時も，外来語を訳す際に漢語の力を借りることが多かった（すでに日本語化し，庶民も使ったと見られる漢語を含む）のであるが，「エスペランサ」は，名詞「たのもしさ」・動詞「たのもしく思う」という和語を用いており，注目される．

「希望」という語が全くなかったわけではない．『後漢書』安帝紀に，「皇太后詔曰，(略) 朕奉皇帝，夙夜瞻仰日月，冀望成就」とある以上，漢文訓読の場では理解語彙から使用語彙へと移行したであろうし，

> ⑰はかなかりける希望なるべし（『発心集』五・貧男好差図事）
>   一生はつくといへども，希望はつくる事なし（『名語記』六）
>   汝は天女を悕望して天に生せん事を愛著す（『三国伝記』八・一二）

などの例がある注13 からである．ただし，仏教説話や百科事典（『名語記』）における訓読臭の強い文体での使用であることも事実で，庶民のことばではなかった．現代で言う「希望」に近い用例は，明治以降に飛ぶようである注14．

もちろん，「のぞみ」「のぞむ」という和語もあった．たとえば，『源氏物語』の「この内記は，のぞむことありて，夜昼，いかで御心に入らむと，思ふ頃」（浮

舟），『徒然草』の「況んや，及ばざる事を望み，叶はぬ事を憂へ，来らざることを待ち」（一三四段）などである．名詞形「のぞみ」も，「このゝぞみを聞き給ひて，いとはなやかに，うち笑ひ給ひて」（『源氏物語』行幸），「世を捨てたる人の，万にするすみなるが，なべてほだし多かる人の，万にへつらひ，望ふかきを見て，無下に思ひくたすは僻事なり」（一四二段）など，同様に使われている．しかし，どちらかと言うと，現世の欲に結びついた用例である．特に，『徒然草』には，その傾向が強い．中世初期の用法がこうだとすると，『Compendium』の訳本が成立した1595年当時，さらに傾向が加速されていた可能性が強く，純粋で明るい「エスペランサ」の訳としては不向きである．そこで，"希望をもって期待されるさま"を表わす「たのもし」という形容詞を活用させて使うか，名詞形にして使ったものと推測される．また，「たのもし」の語源である動詞「たのむ」に視点をすえれば，「神仏をたのむ」という表現[注15]はできても，「神仏を希望する」「神仏をのぞむ」という表現は一般的ではないので，キリスト信仰の一形態としての「エスペランサ」には，宗教的香りのある「たのもし」が，よりふさわしかったわけである．

ただし，「たのもし」という心の状態を得るために起こす行動としての「頼む」には，すでに，能「百萬」[注16]の詞章，

⑱南無阿弥陀仏　南無阿弥陀仏　南無阿弥陀仏　南無阿弥陀仏　みだ頼む
　人はあまよの月なれや　雲はれねども西へゆく　阿弥陀仏やなまふだと
　誰かは頼まざる誰かたのまざるべき

で知られるごとく，御仏に対する色合いが濃厚であったために，これら和語系の語を使うことが控えられた．したがって，1592年刊行された国字本『どちりいな－きりしたん』[注17]に記された聖マリアへの祈りである「さるべ－れじいな」では，

⑲あはれみの御母，后妃にてまします御身に御礼をなし奉る．一命，甘味，我等がゑすぺらんさにて御座ます御身へ御礼をなし奉る．流人となるゑ

わの子共、御身へ叫びをなし奉る。(以下，略)(33頁)

のごとく，原語（本語）「ゑすぺらんさ」を用いている．

岩波思想大系『キリシタン書　排耶書』の頭注に拠ると，⑲の部分にあたる現代文は，「元后、あはれみ深き御母、われらの命・慰め・および望みなるマリア、我れ逐謫(ちくたく)の身なるエワの子なれば、御身に向かひて呼ばはり」となっており，「ゑすぺらんさ」が「望み」に対応している．とりもなおさず，和語の「望み」は漢語の「希望」に対する意味合いをもっている．あえて和語を使ってやわらか味を出しているところに，聖母マリアへの祈りを感じる．

筆者たちの年代では，「エスペラント語」が大学のサークルとしてもあり，新聞・ラジオでも時おり耳にして，「希望」というラテン語からネーミングされたと知っていたが，現代の学生を含む若者は，エスペラント語の存在さえ知らないのではないだろうか．

4.「レスレサン」と訳語のこと

1595年成立の『*Compendium*（講義要綱）』に，「ケレド」（使徒信経）の第十一番目の箇条「Credo carnis resurrectionem.」注18（肉体(にくたい)よみがへるべき事を……真(まこと)に信じ奉る）を講義した部分がある．

⑳然レハ、此アルチイコノ心ハシユイソノ時、万民活ルヘキト云事也。是ヲサシテサンパウロ、[Oportet enim corruptibile hoc induere incorruptionem.]注19 果ヘキ此色身ハ、不滅ナル物ニナルヘキ事肝要也ト、宣フ也。是即、レスレサンヲ以テアルヘキト分別セヨ。(略)

　　§ 一
去ハ、死テヨリ活ル事有ルヘキト云事ハ、ヒイテスヲ持サルヒロソホ等ノ為ニ信シ難キ事也。其ニヨテ、先、デウスノヲムニホテンシアヲ以テレスレサンアルヘキト云事ヲ顕シ、其次キニ、此レスレサンハシユイソノ日ニアルヘキト教ユヘシ。去ハ、レスレサンアルヘキト云道理ノ内、一ニハ、下地アル物ヲ以テ物ヲ作ル事、下地ナクシテ物ヲ作ルヨリモ安

キ事也。デウスハ下地ナクシテ天地ヲ作リ玉ヘハ、色身ノ灰埃ヨリ元ノ色身ヲ作リ玉事、争カ叶イ玉フマシキヤ。（略）

　§ 二

（略）マテウス二十二ケ条ニ、[In resurrectione enim neque nubent, neque nubentur：sed erunt sicut angeli Dei in caelo.] <u>レスレサン</u>ノ後ハ夫婦嫁婚ノ道アルヘカラスト云語也。是ヲ以テ、<u>レスレサン</u>アルヘシト、明ニ教ヘ玉フ也。サンパウロ、[Si autem resurrectio mortuorum non est：neque Christus resurrexit.] 死人ノ<u>蘇生</u>アルマシキト云ニ於テハ、キリシト<u>活</u>リ玉フ事ヲ信セヌ同前也。（略）

　§ 三

又、<u>レスレサン</u>アルヘキト顕ス道理多キ也。一ニハ、人間ノアニマハ右ニ云シ如ク、色身ノ不滅ナルホルマ也。然ハ、此世界ニ於テ万事ニ付テ達シタル楽ミヲ持事叶ハサレハ、是ヲ受ヘキ為ニ後生アル事、肝要也。後生ニ至ル為ニ<u>活</u>ル事専ナレハ、<u>蘇生</u>スル事、疑イナキ也。二ニハ、アニマ色身ノホルマナルニヨテ、色身ニ帰リ度トノ望ミヲ持ル、也。然ルニ、<u>レスレサン</u>ナキニ於テハ、アニマノ生得ノ望ミハ無益ナルヘケレハ、<u>蘇生</u>スヘキ事、明也。三ニハ、デウスニ対奉リテ忠不忠ヲ致ス者ハ、アニマハカリニ非ス、アニマ色身トモニ忠不忠ヲ致ス也。然ル間、御賞罰ヲモアニマ色身諸共ニ与ヘ玉フヘキ事、御憲法也。去ルニヨテ、<u>レスレサン</u>アルヘキ事、明也。四ニハ、キリシト天下リ玉フ事、死ヲ亡シ玉ハン為ナリ。是即、<u>蘇生</u>ヲ以テ成就シ玉フ事ナレハ、<u>蘇生</u>ナキニ於テハ、死ヲ亡シ玉フ事アルマシキ也。五ニハ、サンケレコウリヨ宣フ如ク、日輪西ニ隠レテ又東ニ出ル事、<u>死シテ後活</u>ルカ如シ。又、草木冬枯テ、春若緑<u>立</u>テ、種子モ腐リテヨリ生スル事アリ。此等皆死シテヨリ<u>蘇生</u>スヘキトノ証拠也。

　問テ云ク、<u>蘇生</u>ノ時、元ノ色身<u>活</u>ルヘキヤ。答テ云ク、同シアニマ有ルヘキ事ハ云ニ及ハス、同シ色身<u>活</u>ルヘシトトヽウル達教ヘ玉フ也。是又、ヒイテスノ条目也。彼<u>レスレサン</u>ハ、サントトマス教ヘ玉フ如ク、ソヘレナツラルナリト雖モ、アニマ色身ニ帰リ度トノ望ミハナツラル望ミナルニヨテ、<u>レスレサン</u>モ此道理ニヨテナツラルト云フ事叶フヘシ。

> 第八　活ルヘキ人ノ歳長ケノ程ライノ事
> 　　　蘇生ノ人ノ歳ノ事
> 問テ云ク、活ルヘキ人ハ歳ハイクツノ比ニ活ルヘキヤ。答テ云ク、茲ニ二ツノ決着アリ。一ニハ、活ルヘキ人ハ、御主ゼズキリシト活リ玉フトし此ニ活ルヘシ。（略）レスレサンハ色身ヲ達スル道ナレハ、歳盛リニ蘇生スル事、肝要也。アニマモ色身ノ歳ノ盛ヲ好ム事ナレハ、蘇生ノ時、是ヲ達セヌニ於テハ、其望ミ無益タルヘシ。（255 ウ～257 オ）

　例⑳がそれであるが，「ケレド」に含まれているラテン語「resurrectionem」に由来する「レスレサン」（下線部）が多用されていることがわかる．

　「ケレド」第十一番目の箇条を講義する必要上，その箇条の用語「resurrectionem」をポルトガル語系日本語化した「レスレサン」として多用すること[注20]は十分考えられることであるが，ラテン語原文（大空社刊複製第一巻所収）を見ると，「resurrectionem」以上に，「resurgent」を用いている．ところが，日本語訳文である⑳には，「resurgent」「resurgentium」を外来語として用いた例が一例もない．「活ル」（点線部），「蘇生（ス）」（波線部）の語に置き換えられているからである．「ケレド」（Credo）は，信者であるならば日に一回は唱える経文であるし，学林（コレジョ）の学生ならば宙でラテン語で唱えることのできる者も多くいたはずである．いわば，学生たちの親しみのある外来語「レスレサン」を使って，"キリストの復活"にからむところはできるだけその語でまかなっていこうという訳出方針，教育方針がうかがわれる．

　章題・節題にある「resurgentium」（312 頁）（312 ウ）（313 頁）を，「活ルベキ人」「蘇生ノ人」と訳しているのも，全て，このような配慮が訳語に反映したものである．特に，一般の人が"よみがえる"ことは，キリストに限定して使うことの多い「レスレサン」よりも，日本語「活ル」（和語），「蘇生」「蘇生ス」（漢語）の方がふさわしかったにちがいない．

　本章第1節で見た「マルチル」「マルチリヨ」が，「捨身」という漢語，あるいは「身を捨つる」という和語と対応できなかったのに対し，「レスレサン」の場合は，「蘇生」という漢語，「よみがへる」という和語に対応をもっていた．

4.「レスレサン」と訳語のこと

しかし，"キリストの復活"と限定した時は，やはり本語（原語）「レスレサン」以外では表わしえなかった．

ここで外来語と訳語の関係に立ち入ると，『Compendium』例⑳では，「活ル」もあったが，「蘇生」「蘇生スル」が多用されている．これは，『Compendium』があらたまった文語調の講義録であるからで，祈りそのもののことばや，それをやさしく信者に説く場合は，『どちりいな-きりしたん』（1592年版国字本）の，

㉑師　（略）けれどゝは，
　　　✝真に信じ奉る。（略）○大地の底へ下り給ひ、三日目によみがへり玉ふ　（略）○肉体よみがへるべき事を　○終りなき命を真に信じ奉る。あめん。
（略）
弟　第五のあるちいご、大地の底へ下り給ひ、三日目によみがへり玉ふと云へる事は、何たる御事ぞ。
（略）
弟　三日目によみがへり玉ふとは、何事ぞ。
師　（略）つぎのどみんごに御あにま御棺に納められ給ひし御死骸によみがへり給ひ、（略）
（略）
師　御主ぜず-きりしとよみがへり給ひて後、人にて御座ます御体と共に天に上り給へば、（略）
（略）
弟　第十一のあるちいご、肉体のよみがへるべき事とは、何事ぞ。
師　世界の終りじゆいぞの日、一切人間のあにま、いんへるのに落ちゐたるも、ぱらひぞに御座ますべあと達も残らず、本の色身によみがへり、（略）
（略）
師　あまねくよみがへりたるじゆいぞ-ぜらるの後は人間二度死る事あるまじきと云事也。（略）
弟　でうすの天地を作り給ひし事も、御主ぜず-きりしとの御出世なさ

> れ，死し給ひ，よみがへり玉ふと云へる事をも見奉らず（略）何と様に
> 信じ奉るべきや．（35～47頁）

で歴然と知られるように，「よみがへる」がより一般的であった．『日本書紀』の「蘇生」の訓に始まり，『源氏物語』夕顔の「いむことうけなどしてそのしるしにやよみかへりたりしを」などを経過して，1880年の『引照新約全書　約翰伝福音書』にも，「我は復生(ヨミガヘリ)なり．生命なり．我を信ずる者は死るとも生べし」（十一）のごとく使われている．しかし，プロテスタントやロシア正教などでは，「復活」の語が使われ出す．トルストイの1899年作『Voskrjesjenije』が『復活』と題されて，明治・大正期の青年層に大影響を与えたことも，「復活」という語の一般への浸透に貢献をしたことであろう．

現代，「復活」という漢語は，ケガやスランプであった選手が復帰し大活躍をすると，「○○復活！」という表現で新聞のスポーツ欄をにぎわしている．「蘇生」の方は，医学的・生命論的な"生き返り"に限定されている感がある．また，英語「revival」から出た「リバイバル」がファッション（服装）や流行の復活，映画・演劇の再上演などでは，よく使われている．

5．ま と め

以上，簡単ではあるが，400年余り前のキリシタン時代の外来語受容のあり方を見てきた．当時にあって最高の神学・哲学思想を日本にもちこむにあたって，原語（本語）を使うか，漢語で訳すか，和語を当てるか，一つ一つ考慮された跡を見つけることが出来た．おそらく，その姿勢は，江戸時代，オランダの医学・科学・本草学を受け入れるにあたっても，幕末から明治初期にかけて英・米・仏・獨などの文物を受け入れるにあたっても，貫かれたものと考えられる．何よりも幸せだったことは，現在とはちがい，全てがゆっくりと入って来てくれたことである．また，知識層・先進層の間口が狭く，段階的に国民一般へ浸透してくれたため，そのプロセスでの言語的淘汰も可能であり，外来語の乱用や氾濫も現代のようには問題とならなかった[注21]．

注1　日本イエズス会長崎学林において，正篇が1603年，補遺篇が1604年に印刷刊行されたもので，現在，Oxford, Bodleian Library に蔵されているものの影印（勉誠社刊）を底本とする．訳の引用にあたっては，岩波書店刊『邦訳日葡辞書』に拠っている．

注2　大塚光信氏は，その著『抄きりしたん資料私注』（1996年4月清文堂出版刊）の「五難肋抄」2「本語小考」676頁において，「「本語」を，今後特に「キリシタン版国語書中に用いられている外国語」に対する呼称とし使用しようと思う」と記されている．

注3　岩波古典文学大系『平家物語』下巻431頁．『百二十句本平家物語』（慶應義塾大学斯道文庫蔵本を底本とする）では，「捨身ノ行ヲ修シマサンニハ何ノ御憚カ候ヘキ」（巻第十二・百十九句）となっている．百二十句本を原拠として室町口語訳をしたと考えられている不干ハビアンの『天草版平家物語』では，「xaxinno guiŏuo xuxi ſaxerareôzuruniua, nanno vofabacarica gozarŏto mŏxita」（397頁　勉誠社刊の大英図書館蔵原本複製を底本とする）〈捨身の行を修しさせられうずるには，何のおはばかりかござらうと申した〉のごとく，原拠本の「捨身」を和らげることなくそのまま用いている．

注4　勉誠社刊『サントスの御作業』影印篇を底本とする．

注5　Passiom, Passion.（ポルトガル語の古語）「是即御主ぜず－きりしとの御一生涯の御所作と，御ぱしよむを思ひ出させ給はん為に，定めをき玉ふ者也」（1592年版国字本『どちりいな－きりしたん』　日本思想大系『キリシタン書　排耶書』55頁）「これらを始めとして，御パシヨンの観念より出る徳義多きが故に，数々のオラシヨ・ゼジユン・ヂシピリナよりも，毎日少しの間信心を以て御パシヨンを観念し奉ることは，なほまさりたる徳を得る儀なりと言へる学匠，これ多し．」（1607年刊『スピリツアル修行』　日本思想大系『キリシタン書　排耶書』227頁）

注6　岩波書店刊日本思想大系『キリシタン書　排耶書』所収本文を底本とする．

注7　オックスフォード大学モードリン・カレッジ図書館蔵本を，『イエズス会日本コレジヨの講義要綱』として影印刊行（大空社刊　上智大学キリシタン文庫監修・編集）したものを底本とする．

注8　ゾ終止文を時にまじえている以外にも，「抄物」との似よりは大きく，本書を"キリシタン抄物"と名づけてもよいと思われることについては，小林千草2001・3「新出キリシタン文献『Compendium』（講義要綱・1595年成立）の国語学的研究と教材利用——中世末期の外来語受容に関する事例体験と現代における問題点を考える」（「成城学園教育研究所研究年報」第23集）の注2参照．

注9　用例については，『日本国語大辞典』（第一版）を参照．

注10　ただし，「キリシタン用語」と限定した「スピリツ」は立項され，「霊。精神」の意味が付されている．キリシタン文献にも造詣の深かった『広辞苑』編者 新村出博士の姿勢や志をうかがわせる事例となっている．

注11　テレビ東京系列で1995年4月17日から2004年3月8日まで放送．

注12　勉誠社刊の影印を底本とする．

注13　用例については，『日本国語大辞典』（第一版）を参照．なお，同第二版では，「語誌」の項を設け，「(1) 現在漢音でキボウと読んでいる「希望」は古くは呉音読みでケモウであっ

た。(略) 近世末期頃まではケモウが一般的であった。」「(2) (略) 従って、明治二〇年頃にはキボウの方が一般的になっていたと思われる。」「(3) 表記としては、「希望」の他に明治初期には同義の「冀望」も見られる。(略)」などと詳細な記述になっている．

注14　『蘭学階梯』(1783 年成立) 上には，「幸に此挙に依て，西，吉雄の徒頻りに祈望し，直ちに和欄の書を読むことを許し給はば」という文章が見られるが，意味的には現代の"希望する"に通じながら，表記は「祈望」である．

注15　「神仏をたのむ」という表現は，「神仏に何かをたのむ」のではなく，「神仏」そのもの，「神仏」のすべてを，「たのむ」ことである．現代語でいう「ちょっとメモをたのむよ」という「たのむ」ではないのである．

注16　笠間書院刊『元和卯月本謡曲百番 (全)』を底本とする．なお，能「百萬」における「みだ頼む……誰かたのまざる」のもつ仏教的精神世界については，小林千草・千　草子 2006・11『ことばから迫る能 (謡曲) 論──理論と鑑賞の新視点──』(武蔵野書院刊) のⅡ-第1章--一参照のこと．

注17　日本思想大系『キリシタン書　排耶書』所収本を底本とする．ただし，同書は，国字本『どちりいな-きりしたん』の刊行年を 1591 年とするが，現実には刊記がないので，1591 〜 1592 年という幅をみておいた方が無難であろう．

注18　本章例㉑の「╋」印の段落参照．

注19　原文には，[ ] 内のラテン文はなく，後で補うことを意図した空白が設けられている．[ ] 内のラテン文については，尾原悟編著『イエズス会日本コレジヨの講義要綱』(教文館刊「キリシタン文学双書」のうち) の翻刻部分に依拠している．以下，二箇所の [ ] 内も，同様．

注20　『日葡辞書』の「Soxei, i, Yomigayeru」項には，「Reſurreição.」というポルトガル語が訳として示されている．

注21　本章の第2節・3節・4節は，小林千草 2001・3「新出キリシタン文献『*Compendium*』(講義要綱・1595 年成立) の国語学的研究と教材利用──中世末期の外来語受容に関する事例体験と現代における問題点を考える」(「成城学園教育研究所年報」第 23 集) における，「スピリット」「エスペランサ」「レスレサン」言及項目に手を入れつつ再録したものである．

第2章
外来語受容史から辿る「現代」（二）
——100年前『三四郎』の外来語と「現代」

1. 『当世書生気質』の書生たちと『三四郎』

　文明開化の一翼をになった「書生」と呼ばれた学生層のうち，英学を志す書生を描いた坪内逍遙の『当世書生気質』注1（1885〜1886年）には，いわゆる"英語かぶれ"と思われるほど英語が書生たちの日常会話にとりこまれている．

①（小）ナアニ浮ヒクション〔つくりごと〕は毫末もなしサ。イヤニ長いから。定めて君は体屈をしたらうけれど。今すこしだ聞てくれたまへ。是からが僕の昆フヘッション〔懺悔〕サ。実はいひかねる次第だけれど。いひかぬるのは矢張ウ井イクネッス〔未練〕だと思ふから。思ひきつて君にはなして。将来の潔白を表白する。僕のプレッジユ〔質物〕にしやうと思ふが（守）ライト〔詢佳〕それでこそ君だ（小）そんなに煽動ちやアいやだ（守）なんの煽動もんか。真成にさうじやアないか。ダガ待たまヘヨ。今にサッパル〔晩餐〕が来るから。飯を喰つてから。聞うじやないか。ヲイ〳〵飯をはやく。○ヤア何だ今日の菜は。ハヽア。茄子の鴫焼か。下宿屋先生イヤニ洒落たな。小町田。君はこれを喰ふか（小）僕は大すきサ（守）我輩も嗜だテ。此菜なれば飯が余計に喰へるヨ。いつもなら二ゼンか三ゼンだが。今日はアットリイスト〔すくなくとも〕四ゼン歟　　　　　　　　　　　　　　　　（四回）

小町田と守山という書生の会話を映しているが,「浮ヒクション」(fiction)「昆フヘッション」(confession)「ウ井イクネッス」(weakness)「プレッジュ」(pledge)「ライト」(Right)「サツパル」(supper)「アツトリイスト」(at least) が,それぞれの口から発された英語と思われる.ただし,作者の坪内逍遙は,読み物（啓蒙書）という性格を十二分に考慮して,原語のもつ意味（訳語）を〔　〕内に漢語,時に,和語で補足し,対照理解を可能にしている.

〔　〕内に,その英語に該当する日本語を示すことは,啓蒙的役割とともに,その会話や文脈でのニュアンスをより正確に伝える効果をもつ.たとえば,

　　ウ井イク子ス〔恥かしき事〕を（三回）
　　ウ井イクネッス〔未練〕だと（四回；例①に同じ）
　　ウ井イクネッス〔未練〕だ．（十一回）
　　ウ井イク子ツス〔気が弱いの〕（十一回）

など,「恥かしい事」「未練」「気が弱い」という三種の意味のちがいを反映させることが出来ている.現代ともすれば原語の持つ多様な意味のちがいを無視して,一つのカタカナ語で固定的に代弁させる傾向があるが,それに対して上記の工夫（配慮）は教育的であり文学的である.

　同じことは,「本」を表わす「ブック」でも指摘することができる.

　　ブック〔書籍〕を買ひに（二回）
　　其ブックを見せんか（二回）
　　ブック〔書物〕と首ッ引サ（二回）
　　洋書の包を．ふりあげつ丶（二回）
　　一巻の洋書は．繙きて（三回）
　　ブック（洋書）と共に（九回）

「書籍」「書物」「洋書」などという漢字表記をすれば意味のちがいを持つものが,その会話・文脈の“現場”を反映しつつ,外来語「ブック」で表わされていることを知る.これらは,作者坪内逍遙の工夫であるとともに,明治初期の英語受容の一面を奇しくも映しとっているとも言える.

　さて,1908年（明治41）9月1日より12月29日まで東京朝日新聞・大阪朝日新聞紙上に連載され,翌年に単行本となった夏目漱石の『三四郎』[注2]には,東京帝大文科に学ぶ三四郎と与次郎の会話,高等学校の教師広田先生と彼らの

会話，帝大の物理学の教師野々宮さんと彼らの会話，画家原口さんをまじえての会話，そして，"新しき女性"たる若き美禰子（みねこ）や女学校生よし子と三四郎の会話等がうまく織りまぜられ，今から100年前の知識層（インテリ）の言語生活におけるカタカナ語の一面を知るには調法である．そこで，本章では，『三四郎』の外来語のいくつかをとりあげ，その実態をもとに，「現代」を考えていきたい．

2. 『三四郎』の国名・都市名・人名・書名の表記と発音

『三四郎』における外来語に入る前に，同作品における外国語としての国名・都市名・人名・書名表記と発音（付された読み方）を見ておこう．

(1) 国名・都市名

> ②亜典の劇場は（十二の一　584頁）⇨アテン（アテネ）
> 　丁度亜米利加人の（七の三　466頁）⇨アメリカ
> 　英吉利の国旗（六の九　444頁　2例）⇨イギリス
> 　以太利人がマカロニーを（三の十四　343頁）⇨イタリー（イタリア）
> 　「瑞典か何処かの学者」（九の二　511頁）⇨スウェーデン
> 　「はあ独乙語か」（三の二　311頁）　独乙語に対する敬意（三の二　311頁）　独乙の哲学者（三の二　311頁）　独乙のシユレーゲルが（四の九　367頁）　独乙人の説によると（十二の一　584頁）⇨ドイツ
> 　「巴理の凱旋門だの」（四の六　359頁）「巴理の下宿に籠城する」（七の五　472頁）⇨パリ
> 　仏蘭西語を使った（六の七　439頁）　仏蘭西式の髭（七の四　468頁）　仏蘭西式の鬢（九の一　507頁）　仏蘭西の画工（アーチスト）は（九の一　508頁）
> 　　　　　　　　　　　　　　　　　　　　　　　　　⇨フランス
> 　「羅馬人は薔薇（ばら）を」（十一の五　571頁）⇨ローマ
> 　「倫敦の議事堂だの」（四の六　359頁）⇨ロンドン

⇨の右が，現代表記であるが，『三四郎』発表当時は，著名国名や都市名に

つき，このような漢字表記は一般的であった．外国語の音を漢字の音（まれに訓の場合もあるが）を借りて表わす，いわゆる「音訳」の方法である．

アテン・アメリカ・イギリス^{注3}・イタリー・スウェーデン・ドイツ・パリ・フランス・ローマ・ロンドンは漢字表記のみであったが，1945年までドイツの首都であったベルリンについては，

> ③「ヘーゲルの伯林（ベルリン）大学に哲学を講じたる時」（三の六　321頁）「四方より伯林（ベルリン）に集まれる学生は」（三の六　321頁）

のごとく，2例ともカタカナルビが付いている．これは，三四郎が大学図書館から借りた書物への鉛筆落書きであるから，落書き者の表記ぐせが反映したものとみなせる．初出紙である『東京朝日新聞』『大阪朝日新聞』は総ルビ（1909年〈明治42〉5月13日春陽堂刊の単行本も総ルビ）であるから，漱石が自筆原稿あるいは意識的に行なったかとみられる外国都市名表記の相違を見のがすことになる．

国名エジプトについても，

> ④「猶埃及（エジプト）の砂中（さちう）に埋まるが如し．」（十の二　538頁）

のごとく，カタカナルビが付されている．④は『ハイドリオタヒア』の末節で，英文で綴られた文章を三四郎が頭の中で和訳したものが，ここに披露されている．文語脈で訳されていることに，一つの雰囲気構築がなされている．同一文脈の中に，「聖徒イノセント」「アドリエーナスの大廟」など人名に関する固有名詞はカタカナ大書されており，「埃及（エジプト）」の国名表記とは対照をなしている．

国名ギリシャは，ルビのあるものとないものとが3対2で登場する．

> ⑤「希臘語（ギリシャ）だ」（六の八　443頁）
> 　希臘人はAmaranth（アマランス）を用ひると書いてある．（十一の五　571頁）
> 　「兎に角希臘語らしいね」（十一の五　572頁）

「君希臘の芝居を知つてゐるか」(十二の一　583頁)
希臘の劇場の構造を委しく話して呉れた。(十二の一　584頁)

⑤の第二例の場合，同一文脈内の前々文に「羅馬人は薔薇をaffectすると書いてある。」があるので，「羅馬」の表記に準じて，「希臘」にルビを付さなかったと考えることができる．ところが，⑤の第三例，第四例は，時をやや異にするも，同じく広田先生より三四郎への言辞であり，この表記の"ゆれ"については，作者夏目漱石の恣意性による"ゆれ"と見なさざるをえない．あるいは，新聞編集部の総ルビ方針が「注文づけ」という形で漱石に影響しているのだろうか．そのような時なら，本来はルビなしでもと思うところにもルビが付けられてくることとなる．

『三四郎』における国名・都市名のうち，漢字表記をとらず，カタカナ大書で登場するのは，ベニス(ヴェニス)である．

⑥「ヱニスでせう」
何だかヱニスらしい。(八の八　498頁)
もう一遍ヱニスの堀割を眺め出した。(八の八　499頁)
こゝにもヱニスが一枚ある。
「是もヱニスですね」と女が寄つて来た。
「えゝ」と云つたが、ヱニスで急に思ひ出した。
「さつき、僕が立つて、彼方のヱニスを見てゐる時です」(八の十　503頁)

丹青会という絵画展での会話と描写文であるが，七例とも「ヱニス」である．同じく漱石の『草枕』注4(1906年)でも，青年画家の"余"とヒロイン那美との会話部分に「ヱニス」の表記で九例の集中使用がある．『草枕』における当該の会話は，英語で書かれた小説を"余"が訳す形で進むので，「Venezia」の英語「Venice」が「ヱニス」の表記で登場する．『三四郎』の美禰子も英語を習っていたので英語「Venice」で会話を進めていたのである．

なお正確に言うと，『三四郎』の「ヱニス」は，全集校異篇に示されているように「ヱニス」という表記をとる注5．

現代の『日本国語大辞典』(第二版)は,「ベニス」「ベネチア」で立項するが,『広辞苑』(第五版)は,「ヴェニス」「ヴェネツィア」で立項し,奇しくも,現代における原音表記の対立を縮図として見せてくれている．すでに漱石と同時代人の森鷗外は,『青年』[注6]（1910〜1911年）において「ヴェネチア」の語形を表わす「エネチア」表記をとっているが,現代作家でイタリア生活の長い塩野七海の長編『ローマ人への手紙』[注7]では,「ヴェネツィア」表記が使われている．

(2) 人　名

固有名詞でも人名になると,『三四郎』では,

アドリエーナス・アフラ、ベーン・アポロ・イノセント・イブセン・オフェリア・ガリレオ・カント・グルーズ・クールベエ・ザ ヴーン・サツフオー・シユレーゲル・シヤヴンヌ・スコット・ナポレオン・ニイチエ・ニユートン・ハムレット・バークレー・ピエルロチー・ギーナス・ヘーゲル・ベーコン・ベルツ・エラスケス・モロー・ラスキン・ラフアエル・レオナルド、ダ、ギンチ

など，カタカナ大書したものがほとんどで,

⑦「沙翁(シエクスピヤ)の使つた字数(じかず)が何万字だの」（六の八　442頁）

という「Shakespeare（William）」の音訳（漢字表記）の一つ「沙翁」に「シエクスピヤ」とカタカナルビを付けた一例は,『三四郎』の固有名詞表記体系からは珍しいものとなる．ただし,明治初〜中期の資料では,外国人名の音訳による漢字表記は国・都市名表記同様,かなり広く行なわれていた．江戸後期から幕末にかけての医学書の翻訳においても,原著者名は音訳による漢字表記がとられているので,その流れを受けたものである．

『三四郎』の表記のうち,「ヴァ」に相当する「ヴ」,「ヴィ」に相当する「ギ」,「ヴェ」に相当する「エ」（ヱ）は,現代との表記上の相違が問題となるが,現代ならば「イプセン」であるものが「イブセン」となっているのは,ノルウェーの劇作家「Henrik Ibsen」を英語読みした時の /b/ 音が反映されたものと考え

られる．

(3) 書　名

外国の書も，『三四郎』にはいくつか登場する．

　　イソツプ・オルノーコ・ハイドリオタフヒア・ヒストリー、オフ、インテレクチユアル、デヱロツプメント

漱石は，書名に『　』や「　」をつけず，カタカナ大書を行なっているが，「オルノーコ」(Oroonoko, the Royal Slave) と「ハイドリオタフヒア」(Urne-Buriall or Hydoriotaphia) の二書は，広田先生のからむ，そして，『三四郎』の作品の深層に関わってくる書物であり，登場人物の会話や描写文に数回出てくる．

一方，広田先生の引っ越し荷物よりお目あての本を探す際に，

⑧「有った、有った」と三四郎が云ふ．
　　「どら、拝見」と美禰子が顔を寄せて来る．
　　「ヒストリー、オフ、インテレクチユアル、デヱロツプメント。あら有つたのね」(四の十三　380頁)

という会話が見られ，ここに一回だけ出る書名『History of Intellectual Development』は，美禰子によってゆっくり確かめるように読みあげられたと考えられる．三四郎の恋という側面からも，美禰子の顔が急接近する重要な場面である．なお，英語の「of」は「《弱》əv, v, 無声子音の前で f,《略式》の早い発話において子音の前でə」(大修館『ジーニアス英和辞典』[注8] 第三版) であるが，ここは「オブ」ではなく，「オフ」[注9] で示されている．

3.『三四郎』の外来語と「現代」

『三四郎』に出てくる外来語を整理すると表2.1のようになる．この表には，「answer と云ふ字は」(三の二　311頁)，「Pity's akin to love といふ句だが」(四の十六　387頁)，「vérité vraie、何でも事実でなければ承知しない」(九の三　514頁) などの原語・原句・原文引用は，除外してある．ただし，「stray sheep」

表 2.1

(＊は、ひらがなルビの数)

	原語表記	原語発音記号(主として英語式)	『広辞苑』語釈より	『三四郎』における表記	用例数	漢字表記ルビあり	漢字表記ルビなし	カタカナルビあり	大書カタカナ
①アーク	arc	ɑː(r)k	円弧、弧光灯	弧光燈	1	1			
②アーチスト	artist	ɑː(r)tist	芸術家．特に美術家・演奏家．	アーチスト 画工	1	1			
③アナクロニズム	anachronism	ənǽkrənizm	時代錯誤	アクロニズム 時代錯誤	3	3			
④アングル	angle	ǽŋgl	角（かく）．角度	アングル 角度	1	1			
⑤インキ	ink	iŋk	⇨インク（inkt〈オランダ〉）筆記または印刷に用いる有色の液体．	インキ 印気	2	2 (*2)			
⑥インスピレーション	inspiration	inspəréiʃən	天来の着想．霊感．	インスピレーション	3			3	
⑦インフルエンザ	influenza	influénza	⇨流行性感冒に同じ．	インフルエンザ	2			2	
⑧エフェクト	effect	ifékt, ə-	立項なし	エフェクト感じ	1	1			
⑨ガス	gas	gǽes	ガス【gas〈オランダ・イギリス〉・瓦斯】	瓦斯	2		2		
⑩カソリック	Catholic	kǽθəlik	カブリックでは立項なし．カソリック⇔カトリック カトリック【katholiek〈オランダ〉・加特力】(katholikos〈ギリシア〉普遍的の意）	カブリック 加徒力	2	2			
⑪(腸)カタル	catarrh	kətɑ́ː(r)	カタル【catarrhe〈オランダ〉・加答児】	腸加答児・腸加答兒	2	1	1		

3. 『三四郎』の外来語と「現代」　31

	原語表記	原語発音記号 (主として英語式)	『広辞苑』語釈より	『三四郎』における表記	用例数	漢字表記 ルビあり	漢字表記 ルビなし	カタカナ書	大カナ書
⑫ガラス	glass	glǽs	ガラス [glas(オランダ)・硝子]	硝子窓・硝子張・硝子越	3	3(*2)			
⑬カリカチュア	caricature	kǽrikətʃùə(r)	カリカチュア [caricature] 戯画. 諷刺画. ポンチ絵. カリカチュール.	カリカチューー	1				1
⑭カンバス	canvas	kǽnvəs	カンバス [canvas] ①画布②帆布. キャンバス.	画布	3	3			
⑮キャラコ	calico	kǽlikòu	キャラコ [calico] (もと南インド、カリカットから舶来) キャラコ.	キヤラコ	1				1
⑯コート	coat	kóut	外套	吾妻コート・吾妻コート	2				2
⑰コーヒー	coffee	kɔ́(:)fi, 《米＋》kɑ́ːf- [アラビア語の「飲み物」が原義]	コーヒー [koffie(オランダ)・coffee (イギリス)・珈琲]	咖啡	7		7		
⑱ゴシック	Gothic	gɑ́θik	「ゴート族の」の意	ゴシツク風	1				1
⑲コップ	cup	kʌ́p [たる〈tub〉が原義] カップ《通例取っ手があり、暖かい飲み物を入れる。コップは主にglassに当る。》	コップ [kop(オランダ)・洋盃・骨杯] カップ.	洋盃・手杯	2	2(*1)			

	原語表記	原語発音記号 (主として英語式)	『広辞苑』語釈より	『三四郎』における表記	用例数	用例数内訳			
						漢字表記		カタカナ	大書カタカナ
						ルビあり	ルビなし	ルビなし	
⑳ゴンドラ	gondola	góndala	ゴンドラ【gondola(イタリア)】	画紡(ゴンドラ)	3	3			
㉑サンドイッチ	sandwich	sǽn(d)wiʧ	サンドイッチ【sandwich】(イギリスの政治家サンドイッチ伯(四世 1718～1792)の創案という)	サンドキッチ	2				2
㉒シート	sheet	ʃiːt	シート【sheet】③雨よけなどに使う布やビニール。⇨シーツ【sheet】蒲団などの敷布。⇨シート シーツ、敷布	敷布(シート)	1	1			
㉓シャツ	shirt	ʃáː(r)t	シャツ【shirt・襦袢】	襦袢(シャツ)・襯衣(シャツ)	8	8 (*2)			
㉔シャンパン	champagne	ʃæmpéin	シャンパン【champagne(フランス)】発泡性の白葡萄酒。三鞭酒。	三鞭(シャンパン)	1		1		
㉕ズック	doek		ズック【doek(オランダ)】洋風の杖。	ズック	1	1			
㉖ステッキ	stick	stík		洋杖(ステッキ)	1	1			
㉗ズボン			ズボン【jupon(フランス)】(本来は「女子の下穿着」の意)両足を別々に覆う洋装の外衣の総称。主に男物についていう。スラックス・パンタロン・パンツとも呼ぶ。	洋袴下(ズボン)	1	1 (*1)			
㉘ソップ		sop	ソップ【sop(オランダ)】⇨スープに同じ。	肉汁(ソップ)	1	1 (*1)			

3.『三四郎』の外来語と「現代」

	原語表記	原語発音記号 （主として英語式）	『広辞苑』語釈より	『三四郎』における表記	用例数	用例数内訳		
						漢字表記 ルあ ビり	カタカナ ルビ なし	カタカナ 大書
㉙タイプライター	typewriter	táipràitə(r)	欧文タイプライターは1874年にアメリカ人レミントン(P. Remington 1816〜1889)が実用化。	タイプ、ライター	2			2
㉚タオル	towel	táuəl	①浴布。②西洋手拭。	西洋手拭（タヲル）	4	4		
㉛チャーチ	church	tʃə́ː(r)tʃ	キリスト教の教会。教会堂。聖堂。	会堂（チャーチ）	6	6		
㉜ディナー	dinner	dínə(r)	晩餐。	晩餐（ディネー）	1	1		
㉝テーブル	table	téibl	草。食卓。洋卓。	机（テーブルまたはテエブル）・丸卓（テーブル）・洋机（テーブル）	8	8		
㉞デビル	devil	dévl	悪魔。魔神。サタン。デヴィルでも立項して「⇨デビル」とする。	悪魔（デビル）・デビル	3	2		1
㉟ナイフ	knife	náif	①西洋式の小刀。②特に、洋食の食卓用小刀。	肉刀（ナイフ）・小刀（ナイフ）	3	3		
㊱ヌーボー			ヌーボー [nouveau（フランス）] ⇨ヌーヴォー ヌーヴォー（「新しい」の意）	ヌーボー式	2			2
㊲ノート	note ｎｏｔｅｂｏｏｋ／ nóutbùk／ノート、帳面、手帳、筆記帳、備忘録。	nóut	ノートブックの略。	ノート・手帳（ノート）・帳面（ノート）	7	6 (＊1)		1
㊳ノック	knock	nɔk	①たたくこと。扉などをとんとんと打つこと。	敲（のつく）する	1	1 (＊1)		

	原語表記	原語発音記号（主として英語式）	『広辞苑』語釈より	『三四郎』における表記	用例数	漢字表記 ルビあり	漢字表記 ルビなし	カタカナ 大書き	カタカナ なし
㊴パーティクル	particle	pάː(r)tikl	立項なし	小片（ペーチクル）	1	1			
㊵バイオリン	violin	vàiəlín	提琴。ビオロン。	ワイオリン	8				8
㊶ハイカラ	hair	—	ハイカラ【high collar】（「たけの高い襟」の意）西洋風を気どったり、流行を追ったりすること。また、その人。皮肉って「灰殻」を当てる。	ハイカラ	1			1	
㊷パイプ	pipe	páip	刻み煙草を喫するのに使う西洋式のキセル。	煙管（パイプ）・烟草（パイプ）	5	5			
㊸バケツ	bucket	bΛ́kət	（bucket の転訛）把手付きの桶状の器。⇨バスケット	馬尻（ばけつ）	9	9			
㊹バスケット	basket	bǽskət	①かご。特に籘製籠型で、ふたのついたもの。	籃（バスケットばすけっと）・籃（バスケット）	4	4(*1)			
㊺ハズバンド	husband	hΛ́zbənd	おっと。良人。亭主。ハズ。⇨ワイフ	夫（ハズバンド）	2	2			
㊻パレット	palette	pǽlət	調色板	調色板（パレット）	1	1			
㊼パン			パン【pão（ポルトガル）・麺麭・麺包】	麵麭（ぱん）	1	1(*1)			
㊽ハンケチ	ハンカチーフ handkerchief	hǽŋkə(r)tʃif, -tʃiːf	ハンケチ⇔ハンカチ ハンカチ ハンカチーフの略。	手帛（ハンケチ）・手帛	9	9(*2)			

3. 『三四郎』の外来語と「現代」　35

	原語表記	原語発音記号 (主として英語式)	[広辞苑] 語釈より	『三四郎』における表記	用例数	漢字表記ルビあり	漢字表記ルビなし	カタカナルビあり	カタカナ大書
㊾ハンドル	handle	hǽndl	①把手。②握り。	握り(ハンドル)	2	2			
㊿ビール			ビール [bier(オランダ)・麦酒] ビア。ビヤ [beer] ⇨ビール	麦酒(ビール)・麦酒	12	11	1		
51ピストル	pistol	pístl	拳銃。短銃。	短銃(ピストル)	3	3			
52ビルディング	building	bíldiŋ	鉄筋コンクリートなどで造った高層建築物。ビル。	建築(ビルヂング)	1	1			
53フォーク	fork	fɔ́ːk	食卓で用いる肉叉(にくさし)。ホークとも。立項して「⇨フォーク」とする。	肉叉(フォーク)	1	1			
54ブラシ	brush	brʌ́ʃ	刷毛、はけ。ブラッシュ。	画筆(ブラッシ)	7	7			
55プラットホーム	plat form	plætfɔ́ː(r)m	駅などで、乗客が乗り降りする1段高くなった場所。歩廊。ホーム。	プラット、フオーム	1				1
56フロック	frock = frock coat	frɔ́k	フロック [frock] ⇨フロックコートに同じ。	フロック	2				2
57フロックコート	frock coat	frɔ́k kóut	男子の昼間正式礼服。	フロックコート	4				4
58ページ	page	péidʒ	ページ [page・頁]	頁(ページ)・頁	15	10	5		
59ベッド	bed	béd	寝台	寝台(ベッド)	2	2			
60ヘリオトロープ	heliotrope	hiːliətròup. (英)héliə-	①Heliotropium(ラテン)の小低木。②その花から採り、あるいはそれと同じに香りに調合した香料・香水。	ヘリオトロープ	3				3

	原語表記	原語発音記号（主として英語式）	『広辞苑』語釈より	『三四郎』における表記	用例数	漢字表記 ルあり	漢字表記 ルなし	カタカナ ルなし	大書き
⑥1 ベル	bell	bél	呼鈴（よびりん）。電鈴。また、鐘。	号鐘（ベル）・ベル	11	10			1
⑥2 ペン	pen	pén	洋筆	洋筆・洋筆軸	3	3			
⑥3 ペンキ			ペンキ［番瀝青］（pek〈オランダ〉の訛）ペイントのこと。ペイント［paint］でも立項し、語釈の最後に、［ペンキ］とつけ足す。	ペンキ塗	2				2
⑥4 ボア	boa	bóuə	①ニシキヘビ科ボア亜科のヘビの総称。②女性用襟巻の一種。	襟巻（ボーア）・ボーア	3	1			2
⑥5 ボート	boat	bóut	ボート［boot〈オランダ〉・boat〈イギリス〉］短艇。端艇	端艇競争	1		1		
⑥6 ボード 1.板 2.黒板	board	bɔ́ː(r)d	ボード［board］板。（「黒板」の言及なし。）	黒板（ボード）	2	2			
⑥7 ポケット	pocket	pákət	洋服につけた小さな物入れの袋。かくし。衣嚢。	隠袋（ポッケット）・衣嚢（ポケット）	4	4 (*3)			
⑥8 ポスト	post	póust［宿場］から［飛脚］［郵便］の意となった①郵便②郵便ポスト［受箱］	郵便箱。また、郵便受け。	郵函（ポスト）	1	1			
⑥9 ボタン	button	bʌ́tn	ボタン［botão〈ポルトガル〉・鈕・釦］	釦（ボタン）	1	1			

3. 『三四郎』の外来語と「現代」　　37

	原語表記	原語発音記号（主として英語式）	『広辞苑』語釈より	『三四郎』における表記	用例数	用例数内訳 漢字表記 ルビあり	漢字表記 ルビなし	カタカナ表記	大カタカナ書
⑩ボラプチュアス	voluptuous	valápt∫uas	〈芸術・修飾などが〉官能の喜びを与える	ボラプチュアスな表情・ボラプチュアス！	2				2
⑪ポンチ	punch	pán(t)∫ 英国の諷刺週刊誌：1841年創刊.	ポンチ絵	ポンチ・ポンチ画	6				6
⑫マーブル	marble	mɑ́ː(r)bl	大理石	大理石(マーブル)	3	3			
⑬マーメード	marmaid	mɑ́ː(r)meid	人魚	マーメイド・人魚(マーメイド)	3	2			1
⑭マイカ	mica	máika	マイカ [mica] 雲母(うんも)のこと.	雲母(マイカ)	2	2			
⑮マカロニ	macaroni	mækəróuni [イタリア] マカロニ	マカロニ [macaroni（フランス・イギリス）]（イタリア語ではマッケローニ maccheroni）	マカロニー	1				1
⑯マッチ	match	mǽt∫	マッチ [match・燐寸]	燐寸(マッチ)	2	2			
⑰マドンナ	Madonna	madóna [イタリア] 聖母マリア	マドンナ [Madonna（イタリア）] 聖母マリアの称号.聖母マリアの像.聖母像.	聖母(マドンナ)	1	1			
⑱マネージャー	manager	mǽnidnɜə(r)		マネジヤー	1				1
⑲マントルピース	mantelpiece	mǽntlpiːs	マントルピース [mantelpiece] 暖炉の前飾り.壁付暖炉の上に設けた飾り棚.マンテルピース.	暖炉台(マントルピース)	1	1			

	原語表記	原語発音記号（主として英語式）	『広辞苑』語釈より	『三四郎』における表記	用例数	漢字表記 ルビあり	漢字表記 ルビなし	カタカナ ルビあり	カタカナ ルビなし	カタカナ大書
⑧ミイラ			ミイラ【mirra（ポルトガル）・木乃伊】(木乃伊は mummy の漢訳語)	ミイラ	1					1
⑧メートル	meter 《英》metre	míːtə(r)	メートル【mètre（フランス）・米】「米」とも書く。記号 m	メートル	3					3
⑧メダル	medal	médl	賞牌（しょうはい）	賞牌（メダル）	1	1				
⑧モデル	model	mádl	美術家が制作の対象にする人。	モデル	1					1
⑧ヤソ			ヤソ【耶蘇】〈Jesus（ラテン）の近代中国音訳語「耶蘇」を日本の字音で読んだもの〉⇨イエス（Jesus）	耶蘇教	1		1			
⑧ライスカレー			ライスカレー（和製語）⇨カレーライスに同じ。カレーライス【curry and rice：curried rice】ライスカレー。		3	1				3
⑧ライフサイズ	life-size(d)	láif saizd|láif saizd	形〈彫像などが〉等身大［実物大］の.	等身（ライフサイズ）	1	1				
⑧ラブ	love	lʌv	ラブ【love】①恋すること。恋愛。②恋人、愛人。	ラツブ	1					1

3.『三四郎』の外来語と「現代」

原語表記	原語発音記号 (主として英語式)	『広辞苑』語釈より	『三四郎』における表記	用例数	用例数内訳 漢字表記 ルビあり	用例数内訳 漢字表記 ルビなし	用例数内訳 カタカナ大書	用例数内訳 カタカナ小書
⑱ランプ		ランプ [lamp(オランダ)・洋灯]	洋燈(ランプ)・洋燈	11	11 (*4)			
⑲リボン	ríbn	絹・人絹などで織った細幅のひも。衣服・帽子・頭髪や贈り物の装飾として用いる。	リボン	3			3	
⑳レース	léis	糸を編み、組み合せ、より合せるなどして、種々の透かし模様を作った布地や編地。	レース	1			1	
㉑レール	réil	軌条	鉄軌(レール)	1	1			
㉒ロマン	rouméntik [⇨romance]	ローマンは[浪漫派] ⇨ロマンチックに同じ。 ローマンチックき[浪漫的] ⇨ロマンチックに同じ。 ロマン [roman(フランス)]	浪漫派・浪漫的(ローマン)	4	1	3		
㉓ロマンチック		ロマンチック [romantic] [伝奇的] 空想的。浪漫的。	浪漫的な(ロマンチック)	1	1			
㉔ロマンチックアイロニー		立項なし アイロニー [irony] (偽装の意のギリシア語から)①皮肉。あてこすり。反語。②[哲] ソクラテスの用いた問答法。③[美] F.vonシュレーゲルを中心とするドイツ=ロマン派の用語。一方で対象に没入しつつ、	浪漫的(ロマンチック)アイロニー	2	ロマンチック 2		アイロニー 2	

原語表記	原語発音記号(主として英語式)	『広辞苑』語釈より	『三四郎』における表記	用例数	用例数内訳 漢字表記 ルビあり	ルビなし	カタカナ書	大カナ
㉟ワットマン(紙)		他方でそれに距離をとって皮肉に見ることにより、自我をあらゆる制約から解放する態度をロマン的イロニーと呼んだ。イロニー。／ワットマンし【ワットマン紙】〈Whatman paper〉イギリスのケント州メードストン特産の厚い純白色の細目・中目・荒目などをもつ画用紙。水彩画用。	ワットマン	1				1

表2.2　『三四郎』の外来語——五十音図整理表——

行・子音／母音		k	s	t	n	h	m	y	r	w	g	z	d	b	p
a	ア8	カ4	サ4	タ2	ナ4	ハ8	マ12	ヤ1	ラ4	ワ1	ガ2	ザ2	ダ2	バ3	パ4
i	イ3	キ1	シ3	チ1	ニ1	ヒ1	ミ1		リ		ギ	ジ		ビ2	ピ1
u	ウ	ク	ス1	ツ1	ヌ1	フ3	ム1	ユ	ル		グ	ズ2		ブ1	プ1
e	エ1	ケ	セ1	テ1	ネ	ヘ1	メ2		レ		ゲ	ゼ	デ2	ベ2	ペ1
o	オ	コ3	ソ1	ト	ノ2	ホ2	モ1	ヨ	ロ3		ゴ2	ゾ	ド	ボ5	ポ3
異なり語数	8	8	6	4	4	8	12	1	10	1	4	2	2	13	12

「迷へる子（ストレイ、シープ）」「迷羊（ストレイシープ）」と三様に出る語句については，表 2.1 に組みこまなかったものの，別に述べる．

表2.1の構成について述べると，①～(95)は異なり語のアイウエオ順（『広辞苑』などの配列順に準じる）に番号を付したものであり，「アーク」「バイオリン」などの表出語は，現在一般に見られる形を示している．「原語表記」は，『ジーニアス英和辞典』の表記を掲載したもので，オランダ語やポルトガル語など出自のもので英語としてこなれていないため『ジーニアス英和辞典』にないものは空白になっている．「ɑ́ː(r)k」「vàiəlín」などは『ジーニアス英和辞典』に併記されている発音記号であり，原語の発音と『三四郎』の表記との距離をはかる参考として示している．

「『広辞苑』語釈より」というのは，『広辞苑』の語釈の中より，その外来語の出自や一般的な漢字表記を示し，『三四郎』の表記を考える上で参考にしようとしたものである．「用例数」は，当該外来語の『三四郎』における用例数を示したもので，「用例数内訳」の項は，○漢字表記（ルビあり），○漢字表記（ルビなし），○カタカナ大書　に三大別してそれぞれの内訳数を示したものである．このうち，○漢字表記（ルビあり）には，（ ）を設け，かつ記号＊を付して，ルビのうちカタカナによらず「ひらがな」によるものの数を示した．

(1) 語頭音や出自など

『三四郎』には，95 語（異なり語数）全 276 例の外来語が使われている．異なり語 95 種を語頭の音で分類すると，

ア行……8 語	カ行……8 語	サ行……6 語
タ行……4 語	ナ行……4 語	ハ行……8 語
マ行……12 語	ヤ行……1 語	ラ行……10 語
ワ行……1 語	ガ行……4 語	ザ行……2 語
ダ行……2 語	バ行……13 語	パ行……12 語

となり，やはり，バ行音・パ行音・マ行音・ラ行音が多くなっている．なお，カ行のキに「キャ」1 語，サ行のシに「シャ」2 語，タ行のチに「チャ」1 語，ハ行のフに「フォ」1 語，ダ行の「デ」に「ディ」1 語が含まれている．

母音一語が語頭に来る 8 語を含めて，どの母音と組み合わさった音節が多い

かを見ると，

　　　a 段音……39 語　　o 段音……20 語　　e 段音……14 語
　　　i 段音……13 語　　u 段音……9 語

の順になっている．これら音韻的傾向は，原語の音韻的影響をもとより受けているのであるが，日本語として受け入れるというプロセス上，大まかな把握をしておいた．

　異なり語 95 種のうち，さらにさかのぼるとギリシア語・ラテン語などに源をもつものがあるが，すでに英語圏の語としてなじんだものもあり，それらを含めると，英語出自の外来語が 70～80％ を占めている．

　中世末のキリシタン時代にポルトガル語より入った，「パン」「ボタン」「ミイラ」が，「麺麭」(ぱん)(1 例)「釦」(ボタン)(1 例)「ミイラ」(1 例) の表記で使われている．

　江戸時代に長崎出島でのみ接触の許されたオランダ語より入ったものは，「インキ」「ガス」「カトリック」「カタル」「ガラス」「コーヒー」「コップ」「ズック」「ソップ」「ビール」「ペンキ」「ボート」「メートル」「ランプ」など生活用品・食品・計量単位・病名と我々の生活に密接なものが多い．中には，現代では「インク」「スープ」などと，より英語寄りの発音をとってきたものもあるが，もとオランダ語であったことに気づかないで過ごす若い世代も多い．これらオランダ語出自のものについて，『三四郎』では，「印気」(いんき)(2 例)「瓦斯」(ガス)(2 例)「加徒力」(カゾリック)注10 (2 例)「加答児」(カタル)「加答児」(各 1 例)「硝子」(がらす)「硝子」(ガラス)(2 例と 1 例)「咖啡」(7 例)「洋盃」(コップ)「手杯」(こっぷ)(各 1 例)「ズック」(1 例)「肉汁」(そっぷ)(1 例)「麦酒」(ビール)「麦酒」(11 例と 1 例)「ペンキ」「端艇」(1 例)「メートル」(3 例)「洋燈」(ランプ)「洋燈」(らんぷ)(7 例と 4 例) のごとき表記をとっている．

　イタリア語からの「ゴンドラ」「マドンナ」が，「画舫」(ゴンドラ)(3 例)「聖母」(マドンナ)(1 例) の表記で出，フランス語からの「シャンパン」「ズボン」「ヌーボー」「マカロニ」注11 が，「三鞭」(1 例)「洋袴」(づぼん)(1 例)「ヌーボー」(2 例)「マカロニー」(1 例) の表記で登場している．

(2) 表記法──カタカナ・漢字（カタカナルビ付き・ひらがなルビ付き）

　今，漱石の自筆原稿の表記を再構築しつつ見ているが，276 例中 70 例，約 25％ がカタカナ大書されている．現代ならば，外来語の普通の表記法である．

異なり語でとらえると,「インスピレーション」「インフルエンザ」「カリカチユアー」「キヤラコ」「コート」「ゴシック」「サンドヰッチ」「ズック」「タイプ、ライター」「ヌーボー」「ヴイオリン」「ハイカラ」「プラット、フオーム」「フロック」「フロックコート」「ヘリオトロープ」「ペンキ」「オラプチユアス」「ポンチ」「マカロニー」「マネジヤー」「ミイラ」「メートル」「モデル」「ライスカレー」「ラツプ」「リボン」「レース」「アイロニー」「ワツトマン」の30語が,カタカナ大書されていることになる．異なり語が95あるうちの30語であるから,約3割の語が現代と同じ表記のされ方をしていることになる．これら30語をながめていると,簡略な日本語に置きかえられないものがほとんどである．また,視覚的に理解をうながすような漢字表記も浮かびにくい．逆に言うと,だからこそ,カタカナ大書の表記が最もふさわしかったことになる．

　276例中184例,約66%がルビ付き漢字表記をとっている．ひらがなルビ付き表記との併用もある語をのぞき,カタカナルビ付き漢字表記のみの語をあげると,「画工（アーチスト）」「時代錯誤（アナクロニズム）」「角度（アングル）」「感じ（エフフェクト）」「加徒力（カゾリック）」「画布（カンヴス）」「画舫（ゴンドラ）」「敷布（シート）」「洋杖（ステッキ）」「西洋手拭（タウエル）」「会堂（チヤーチ）」「晩餐（デンナー）」「卓（テーブル）」（机・洋机もあり）「肉刀（ナイフ）」（小刀もあり）「烟管（パイプ）」（烟草もあり）「夫（ハスバンド）」「調色板（パレット）」「握り（ハンドル）」「短銃（ピストル）」「建築（ビルヂング）」「肉叉（フォーク）」「画筆（ブラッシ）」「小片（ペーチクル）」「寝台（ベッド）」「洋筆（ペン）」（図2.2参照）「黒板（ボールド）」「郵函（ポスト）」「鈕（ボタン）」「大理石（マーブル）」「雲母（マイカ）」「燐寸（マッチ）」「聖母（マドンナ）」「暖炉台（マントルピース）」「賞牌（メダル）」「等身（ライフ、サイズ）」「鉄軌（レール）」「浪漫的（ロマンチック）」の37語が数えられる．カタカナ大書の30語よりやや多い約4割の語が入っているが,耳なれない英語「感じ（エフフェクト）」,難解な概念「時代錯誤（アナクロニズム）」,やや特殊な語「雲母（マイカ）」「画舫（ゴンドラ）」をのぞくと,外来語としても当時なじんでいた語であり,漢字表記も視覚的に理解を助ける方向でプラスの安定感を読む者に与えている．

　外来語として当時なじんでいた語で,漢字表記が視覚的に理解を助ける方向でプラスの安定感を読む者に与える際に,ルビがカタカナではなく,ひらがなでなされると,さらにどのような効果が生ずるであろうか．そのことを,ひらがなルビ専用の語から見ていきたい．

　「印気（いんき）」（2例）「洋袴（づぼん）」（1例）「肉汁（そつぷ）」（1例）「敲する（のつく）」（1例）「馬尻（ばけつ）」（9例　図2.1参照）「麺麭（ぱん）」（1例）の6語がそれらであるが,古くからつきあいのあるポルトガル語・オランダ語を含み,漱石の言語感覚ではより親しみのあるものに使われているようである．

「中てゝ御覽なさい」

「鶏ですか」

「いゝえ」

「あの大きな木ですか」

「いゝえ」

「ぢや何を見てゐるんです。僕には分らない」

「私先刻からあの白い雲を見て居りますの」

成程白い雲が大きな空を渡つてゐる。空は限りなく晴れて、どこ迄も青く澄んでゐる上を、綿の光つた様な濃い雲がしきりに飛んで行く、風の力が烈しいと見えて、雲の端が吹き散らされると、青い地が透いて見える程に薄くなる。あるひは吹き散らされながら、塊まつて、白く柔かな針を集めた様に、さゝくれ立つ。美禰子は其塊を指さして云つた。

「駝鳥の襟巻に似てゐるでせう」

三四郎はボーアと云ふ言葉を知らなかつた。それで知らないと云つた。

美禰子は反對の側へ行つた。
「此方です」

三四郎はだまつて、美禰子の方へ近寄つた。美禰子の手に自分の手が觸れる所で、馬尻に蹴爪づいた。大きな音がする。漸くの事で戸を一枚明けると、強い日がまともに射し込んだ。眩しい位である。二人は顔を見合せて思はず笑ひ出した。
裏の窓も開ける。窓には竹の格子が付いてゐる。家主の庭が見える。鶏を飼つてゐる。美禰子は例の如く掃き出した。三四郎は四つ這になつて、後から拭き出した。美禰子は箒を兩手で持つた儘、三四郎の姿を見て、
「まあ」と云つた。
やがて、箒を疊の上へ拋げ出して、裏の窓の所へ行つて、立つた儘外面を眺めてゐる。そのうち三四郎も拭き終つた。濡れ雜巾を馬尻の中へぽちやんと擲ぢ込んで、美禰子の傍へ來て並んだ。
「何を見てゐるんです」

ただ，カタカナルビを付するか，ひらがなルビを付するかは，作者漱石の執筆の微妙なリズムや文脈の色合いを帯びて"ゆれ"があった．そのことは，両者が併用されている「硝子窓ガラスまど」「硝子張がらすばり」「硝子越がらすごし」「洋盃コップ」「手杯こつぷ」，「襯衣シャツ」「襯衣しやつ」，「籃バスケット」「籃ばすけつと」，「手帛ハンケチ」「手帛はんけち」，「衣嚢ポツケツト」「隠袋ぼつけつと」，「洋燈ランプ」「洋燈らんぷ」などで確かめることができる．

なお，「ノート」に関しては，「ノート」(1例)「帳面ノート」(5例　図2.2参照)「手帳のーと」(1例) が共存し，「デビル」では「デギル」(1例)「悪魔デギル」(2例)，「ベル」では「ベル」(1例)「号鐘ベル」(10例　図2.2参照)，「ボア」では「ボーア」(2例　図2.1参照)「襟巻ボーア」(1例　図2.1参照)，「マーメイド」では「マーメイド」(1例)，「人魚マーメイド」(2例) が共存している．このうち，

---

⑨全く西洋の絵にある悪魔デギルを模したもので、念の為め、傍そばにちやんとデギルと仮名が振つてある。(六の三　426頁)　また美禰子の絵端書を取つて、二匹の羊と例の悪魔デギルを眺め出した。(六の四　429頁)

⑩「駝鳥の襟巻ボーアに似てゐるでせう」

三四郎はボーアと云ふ言葉を知らなかつた。それで知らないと云つた。美禰子は又、

「まあ」と云つたが、すぐ丁寧にボーアを説明してくれた。(四の十二　376頁　図2.1参照)

⑪画はマーメイドの図である。(略) 背景は広い海である。
「人魚マーメイド」
「人魚マーメイド」
頭あたまを擦すり付けた二人ふたりは同じ事をさゝやいだ。(四の十四　381頁)

から，「デギル」「ボア」「マーメイド」の二種の表現共存は，"ゆれ"ではなく，はっきりした表記性を託されて使い分けられていることが知られる．つまり，⑨の「デギル」は絵葉書に美禰子の書いた文字，⑩の「襟巻ボーア」はその意味を知っている美禰子のことばで，「ボーア」はその意味を知らぬ三四郎の耳に聞いた音としてのことばを表わしていた．また，⑪の地の文における「マーメイド」は何ら色合いのつかない無機質の言語としてのそれ，美禰子と三四郎との間で

発された「人魚(マーメイド)」は，二人に共通に流れたある種の感情を映(うつ)したものであった．

『三四郎』の漱石自筆原稿段階において，漢字表記され全くルビのない外来語は，「アーク」にあたる「弧光(燈)」(1例)，「ガス」にあたる「瓦斯」(2例)，「コーヒー」にあたる「咖啡」(7例)，「シャンパン」にあたる「三鞭」(1例)，「ボート」にあたる「端艇(競争)」(1例)，「ヤソ」にあたる「耶蘇(教)」(1例)である．このうち，「耶蘇(教)」は，『広辞苑』の語釈の一部を引用したような特殊事情があり，また，「端艇」は「競争」という漢語との連鎖により漢字表記のままおかれた可能性がある．「瓦斯」は現在も社名にこの漢字を使う所もあるほど一時は固定した表記であり，「咖啡」も一昔前には「珈琲」とともに流布した表記と言えよう．わざわざルビをつけなくとも，ましてやカタカナ大書しなくとも，漢字表記だけで，そのもののもつ外国の香り——ステイタスを伝えられる場合，漢字表記のみで生きた表現となったものと思われる．

(3) アングル——角(かど)と角度／シーツとシート／ワットマン／ライスカレー

表2.1を見ると，現在とは外来語としての発音が異なるものが見出せる．「インキ」か「インク」か，「カゾリック」か「カソリック」あるいは「カトリック」か，「ソップ」か「スープ」か，「タウエル」か「タオル」か，「ヂンナー」か「ディナー」か，「ハスバンド」か「ハズバンド」か，「ハンケチ」か「ハンカチ」か，「ビルヂング」か「ビルディング」か，「ペーチクル」か「パーチクル」か，「ボア」か「ボーア」か，「ポッケット」か「ポケット」か，「マカロニー」か「マカロニ」か，「マネジャー」か「マネージャー」か，「ラッブ」か「ラブ」かなどがそれらであるが，『三四郎』の書かれた時代，どこから入った外国語と人々に意識されていたかによるちがいや，英語式発音になれない時代性による聞きとりや表記の限界などが複雑にからみ，他の文献における状況とつきあわせて体系的にとらえなければならない性格のものであるので，本書では，事実の指摘にとどめておきたい．

本書で次に問題としたいのは，現代との意味の相違や語そのものの相違である．

⑫「一寸好い景色でせう。あの建築の角度(ビルヂングアングル)の所丈が少し出てゐる。木の間から、ね。好いでせう。」（二の五　303頁）

　この「角度」は，「カメラ　アングル」あるいは，物を見る観点や視点の意味ではなく，「角」の意味である．おそらく，発話者の野々宮にあっては，専門用語の一つが本人の中では"教養人には伝わる理解されうる語"として何気なく使われたものとみられる．

⑬三四郎はこんな事を云つて、あらかじめ、敷いてある敷布(シート)の余つてゐる端を女の寝てゐる方へ向けてぐる〰︎捲き出した。（一の四　281頁）

　「敷布」は現在「シーツ」と言われ，「シート」というと「防水シート」「ビニールシート」のごときものをさす．

⑭よし子は画筆の手を休めて、両手を伸ばして、首をあとへ引いて、ワットマンを成るべく遠くから眺めてゐたが、（略）（五の三　398頁）

　「ワットマン」は表2.1で『広辞苑』の語釈を引用したような画用紙をさし，現在は「ケント紙」「ケント」と言われるものである．

　「シーツ」と「シート」とは，現在別のものをさす形で100年の間に意味分化がされてきたが，対立する語が同一のものをさすものとして，

⑮「僕はいつか、あの人に淀見軒でライスカレーを御馳走になつた。（六の七　439頁）

における「ライスカレー」がある．『日本国語大辞典』（第二版）の「カレーライス」項目における「語誌」が記すように，

〈明治大正時代は料理書をはじめ、新聞・雑誌では「ライスカレー」の形

の方が多く,「カレーライス」の名称が一般化するのは太平洋戦争後。〉という背景によって,現在も「ライスカレー」と「カレーライス」が併用されている[注12].

『三四郎』における「画工」(アーチスト)は,芸術家――特に画家や彫刻家などの美術家を表わす語として受け入れられてきたが,『広辞苑』が「美術家」と並んで記す「演奏家」については,辞書的な意味はわかるにしろ,日常口語では耳なれないものであった.ところが,ここ10年ぐらいの間に,シンガーソングライターが,あるいはポップ歌手が「アーティスト」と呼ばれる時代となっている.アメリカを主とする英語文化圏での使用が,あらためて日本の音楽界,芸能界でとり入れられてまたたく間に広まったものと見られる.

一方,『三四郎』において野々宮が三四郎に対して使った「それから,此木と水の感じがね。」(二の五 304頁)の「エフフエクト」(エフェクト)は『ジーニアス英和辞典』「effect」項には,「3(色,形,音などの)印象・趣き・感じ・効果」という意味があげられているが,全く一般化しなかった[注13].同じく野々宮が広田先生や画家の原口たちに言った「もし彗星の尾が非常に細かい小片(パーチクル)から出来てゐるとすれば」(九の二 511頁)の「小片」(パーチクル)は,「particle」に「微粒子」の意があるので,幾分専門性を帯びた語として使われた可能性がある.

(4) ページとビール

100年前に成立した『三四郎』における外来語が,その後日本語の中で"カタカナ語"としての日常性を得る中で,外来語の表記も『三四郎』の当初より変貌をとげている.その最たるものが,漢字表記やルビつき漢字表記を脱して,カタカナ大書が一般的となったことである.しかし,『三四郎』において「頁」(ページ)(10例)「頁」(4例)といった現状であった「ページ」に関しては,今でも「頁」は研究書・論文などにおいては,かなり健在である.本書の筆者である私も,書く内容や発表媒体のちがいによる"ゆれ"をもちつつ,総体としては,「ページ」よりも「頁」をより多く使っている.3字よりも1字で済むという文字効力もあるし,「ページ」を略した「ペ」表記もどこか落ちつきのわるさがあるなどの理由が,この傾向を支えているのであろうが,「ページ」に対する「頁」

のようなケースは珍しい方に属する．

一方，『三四郎』において「麦酒」(ビール)（11例）「麦酒」(1例)であった「ビール」は，メーカー名で漢字表記を使う所があるものの，カタカナ大書一辺倒になっている．これは，漢字表記されてきた「日本酒」との視覚上の対照性からも一挙に加速度が加わった結果であると考えられる．

(5) 「迷へる子」(ストレイ，シープ)「stray sheep」(ストレイ シープ)「迷羊」(ストレイシープ)

表2.1にはのせなかった「迷へる子」(ストレイ，シープ)「stray sheep」(ストレイ シープ)「迷羊」(ストレイシープ)の使い分けを見ることによって，夏目漱石が『三四郎』執筆時にいだいていた外来語意識についてふりかえっておこう．

> ⑯「迷子(まひご)の英訳を知つて入らしつて」
> 　三四郎は知るとも，知らぬとも云ひ得ぬ程に、此問を予期してゐなかつた。
> 　「教へて上(あ)げませうか」
> 　「えゝ」
> 　「迷へる子(ストレイ，シープ)——解(わか)つて？」（五の九　417頁）

広田先生，野々宮，その妹よし子，そして三四郎と美禰子たちは，菊人形展に出かける．途中，七つばかりの女の子の「迷子(まひご)」に出会う．その後，気分の悪くなった美禰子は早目に外へ．追いかけた三四郎と，近くの小河の土手に坐り，空行く雲を見つめていた．その最後の方の会話が⑯である．

ここでは，「迷へる子」(ストレイ，シープ)は，英訳として美禰子の口から出ているが，限りなく英語の発音に近いと言うよりも，わかりやすい音として三四郎の耳に届けられたものと思われる．それが「ストレイ、シープ」というカタカナルビであり，その外国語に込めた美禰子の思いが「迷へる子」という漢字かなまじり表記となっている．

「迷へる子」(ストレイ，シープ)という表記は，⑯の直後，節をあらためられた「五の十」において，

⑰（略）
　迷へる子といふ言葉は解った様でもある。又解らない様でもある。解る解らないは此言葉の意味よりも、寧ろ此言葉を使つた女の意味である。
（略）
立ち上がる時、小さな声で、独り言の様に、
「迷へる子」と長く引つ張つて云つた。三四郎は無論答へなかつた。
（略）
あまりに下駄を汚すまいと念を入れ過ぎた為め、力が余つて、腰が浮いた。のめりさうに胸が前へ出る。其勢で美禰子の両手が三四郎の両腕の上へ落ちた。
「迷へる子」と美禰子が口の内で云つた。三四郎は其呼吸を感ずる事が出来た。（五の十　417〜420頁　図2.2参照）

のように，三回くり返されている．最初の「迷へる子といふ言葉は」という「迷へる子」も，後で美禰子の口から発された「迷へる子」二例も，全て，⑯同様，美禰子の三四郎への想いをこめて発された体温と肉声を持っている．

英語の原語表記「stray sheep」に「ストレイ　シープ」とカタカナルビをつけたものは，

⑱与次郎は三四郎の帳面を引き寄せて上から覗き込んだ。stray sheep といふ字が無暗にかいてある。
「何だこれは」
「講義を筆記するのが厭になつたから、いたづらを書いてゐた」
（略）
「聞いてゐなかつたのか」
「いゝや」
「全然 stray sheep だ。仕方がない」（六の一　420〜421頁　図2.2参照）
⑲其代りに此時間には stray sheep といふ字を一つも書かずに済んだ。（六の二　425頁）

出來た。

六

號鈴が鳴つて、講師は教室かて出て行つた。三四郎は印氣の着いた洋筆を振つて、帳面を伏せ樣とした。すると隣りにゐた與次郎が聲を掛けた。
「おい一寸借せ。書き落した所がある」
與次郎は三四郎の帳面を引き寄せて上から覗き込んだ。Stray Sheep といふ字が無暗にかいてある。
「何だこれは」
「講義を筆記するのが厭になつたから、いたづらを書いてゐた」
「さう不勉強では不可ん。カントの超絶唯心論がバークレーの超絶實在論にどうだとか云つた」
「どうだとか云つた」
「聞いてゐなかつたのか」
「いゝや」

三四郎

「何故御聞きになるの」

三四郎が何か云はうとすると、足の前に泥濘があつた。四尺許りの所、土が凹んで水がびた／＼に溜つてゐる。其中に足掛りの為に手頃な石を置いたものがある。三四郎は石の扶を藉らずに、すぐに向へ飛んだ。さうして美禰子を振り返つて見た。美禰子は右の足を泥濘の眞中にある石の上へ乗せた。石の据りがあまり善くない。足へ力を入れて、肩を揺つて調子を取つてゐる。三四郎は此方側から手を出した。

「御捕まりなさい」

「いえ大丈夫」と女は笑つてゐる。手を出してゐる間は、調子を取る丈で渡らない。三四郎は手を引込めた。すると美禰子は石の上にある右の足に、身體の重みを託して、左の足でひらりと此方側へ渡つた。あまりに下駄を汚すまいと念を入れ過ぎた爲め、力が餘つて、腰が浮いた。のめりさうに胸が前へ出る。其勢で美禰子の兩手が三四郎の兩腕の上へ落ちた。

「ストレイ、シープ」「迷へる子」と美禰子が口の内で云つた。三四郎は其呼吸を感ずる事が

⑳美禰子の使つた stray sheep の意味が是で漸く判然した。(六の三　426頁)

のように登場する．⑱は，美禰子のことばより誘発されて英和辞書等を繰つて確めた後の三四郎の行動——「stray sheep」をむやみにノートに書きつけて，講義などを聞いていない——を描写したものである．与次郎も，三四郎がノートに書きつけた文字「stray sheep」を視覚に入れて話しているので，そのまま原語表記が記されている．

また，⑲もノートへの落書としての「stray sheep」であるから原語表記が主体となる．

⑳は，菊人形展の折は，美禰子の心と声で耳に届いた「迷へる子」が，三四郎の辞書的把握「stray sheep」となり，それを経過して美禰子の脳裏にあった原語「stray sheep」へと接近したこと伝える表記法となっている．ただし，三四郎がここでとらえたと思った「stray sheep」の意味——「迷へる子のなかには、美禰子のみではない、自分ももとより這入つてゐたのである。それが美禰子の思はくであつたと思える」(426頁)——は，不十分な把握であった．その不十分さの中で，三四郎の関知せぬ世界で美禰子の縁談は進行していくのである．

㉑かつて美禰子と一所に秋の空を見た事もあつた。所は広田先生の二階であつた。田端の小川の縁に坐つた事もあつた。其時も一人ではなかつた。迷羊。迷羊。雲が羊の形をしてゐる。(十二の七　602頁)

㉒「ヘリオトロープ」と女が静かに云つた。三四郎は思はず顔を後へ引いた。ヘリオトロープの壜。四丁目の夕暮。迷羊。迷羊。空には高い日が明らかに懸る。(十二の七　604頁)

㉓与次郎丈が三四郎の傍へ来た。

「どうだ森の女は」

「森の女と云ふ題が悪い」

「ぢや、何とすれば好いんだ」

三四郎は何とも答へなかつた。たゞ口の内で迷羊、迷羊と繰り返し

> た．(十三　608頁)

　美禰子が他の男と結婚する事を知った三四郎は，彼女より借用していた金を返しに行く．折しも，美禰子は会堂(チャーチ)に出かけており，礼拝から出た所で会うことになる．会堂(チャーチ)の戸が開く前に，㉑の描写がある．原語「stray sheep」のキリスト教的解釈，および，今，三四郎が教会の前に居るということで，ここからは，「子」にかわって「羊」という字が宛てられてゆく．

　㉒は，金の入った紙包(かみづつみ)を懐(ふところ)に入れた美禰子が，白い手帛(ハンケチ)を出し，そこに含ませた香りを三四郎にかがした場面である．まだ，二人に青春の可能性のあった頃のなつかしい香りであったはず．その頃は，婚約者とも言うべき，野々宮に対して，「迷へる羊」であったのか……．そう思った時，三四郎は，心で「迷羊(ストレイシープ)。迷羊(ストレイシープ)」とつぶやく．

　㉓は，美禰子も結婚し，独身最後の肖像画が「森の女」と題して展覧会に展示されているのを見に行った際の与次郎と三四郎の会話であり，『三四郎』という作品のラストシーンでもある．美禰子の思いと肉声とをともなっていた「迷へる子(ストレイ シープ)」が，原語「stray sheep」を経過して，三四郎によって内面化され「迷羊(ストレイシープ)」となった．内面化された「迷羊(ストレイシープ)」は，三四郎が「全く耶蘇教に縁のない男」(602頁)であったにかかわらず，羊の飼主であるイエスズの愛のあり方とイニシャティブが，これからの三四郎の課題となっていくことを予告している．

　『三四郎』において，漱石は，外来語を効果的に配し，当時の有識富裕層の会話や交流をワンショット，ワンショット丁寧に描いている．物語を彩る女として，冒頭の汽車で乗り合わせた"稲妻の女"や手紙・追想の中でのみ登場する"三輪田の御光(お)さん"が，美禰子やよし子の他に存在するものの，ヒロインは美禰子と言ってよい．その美禰子の肖像画の題名「森の女」は，大学構内の池の端で三四郎と初めて出会った美禰子を象徴し，ラストシーンで三四郎がつぶやく「迷羊(ストレイシープ)」は，初対面以後三四郎と心をぶつけあった日々の美禰子を象徴する．そしてまた，先に述べたように，今日以後の三四郎の生き方への命題として投げかけられた大テーマである．

　漱石は『三四郎』において，"稲妻の女"や"三輪田の御光(お)さん"のような"和

表 2.3

オランダ語	アルコール（alcohol） カルキ（kalk） メス（mes）……医学・薬学用語 インク（inkt） ガラス（glas） コップ（kop） ビール（bier） ポンプ（pomp） ペンキ（pek）……日常生活用語
ドイツ語	ガーゼ（Gaze） ノイローゼ（Neurose） ビールス（Virus） ホルモン（Hormon）……医学用語 イデオロギー（Ideologie） テーマ（Thema） テーゼ（These）……思想用語 アルペン（Alpen） ピッケル（Pickel） ザイル（Seil） リュックサック（Rucksack）……登山用語
フランス語	マント（manteau） ゲートル（guêtres） ズボン（jupon）……軍事関係用語 アトリエ（atelier） デッサン（dessin） アップリケ（appliqué） シュミーズ（chemise） ドリア（doria） オムレツ（omelette） マカロニ（macaroni） マヨネーズ（mayonnaise） オードブル（hors-d'oeuvre）……芸術・服飾・料理用語
イタリア語	オペラ（opera） カンツォーネ（canzone） ソプラノ（soprano） アンダンテ（andante） ソナタ（sonata）……音楽用語 スパゲッティ（spaghetti） パスタ（pasta） ピザ（pizza）……料理用語
ロシア語	インテリ〈インテリゲンチア〉（intelligentsiya） カンパ〈カンパニア〉（kampanija） ノルマ（norma）……労働運動・思想関係用語 トロイカ（troika） ペチカ（pechka） ウオッカ（vodka）……日常生活用語

的な陰影"のもとに照らし出された"新しい女""洋的な日ざし"としての美禰子を描いたが，それは，言語的に見ると，外来語の"新しい香り"と含みをドラマに盛りこむことであった．キザでもなく，単にハイカラでもない形で，ありうべき状況設定の中で新しい若い男女の恋の物語を紡ぎ出そうとしたものであった．

4. おわりに

表 2.1 には，オランダ語・フランス語からの外来語も含まれるが，幕末～明治期に流行した代表的な外来語につき，表 2.3[注14] をあげておく．

注 1　初期調査では，『逍遙選集』別冊第一（1977 年 12 月第一書房復刻刊）を底本としたが，本章例①はじめ，日本近代文学館蔵坪内逍遙『一読三歎当世書生気質』の原本（初版本）に当たることが出来たものについては，原本（初版本）の表記形態を反映することにする．なお，原本（初版本）の表記形態反映については，本シリーズの編者である佐藤武義先生の資料提供を受けている．御学恩に厚くお礼申し上げたい．

注 2　岩波書店刊の新版「漱石全集」第 5 巻所収の『三四郎』を底本とするが，明治 42 年（1909）5 月に春陽堂より単行本として刊行された『三四郎』を，ほるぷ出版が〈名著複刻全集　近代文学館〉として復刻したものを適宜参照した．なお，初出としての「朝日新聞」掲載の『三四郎』との対校は今後の問題としておきたい．

　　なお，『望星』(東海教育研究所刊) に 2005 年 4 月〜2007 年 3 月まで連載した「百年の日本語　『三四郎』の言語学」では，4 で「ズツク」，7 で「弱点」と「ウィークネス」，11 で「moving picture」と「活動写真」・「thought」と「思想」，14 で「ライスカレーとカレーライス」，22 で「等身（ライフ・サイズ）」などのカタカナ語をトピック的に扱っている．また，漱石の『三四郎』について，女ことばの面から分析を加えたものに，小林千草 2007・7『女ことばはどこへ消えたか？』(光文社新書) がある．

注 3　イギリスに関しては，「英国を見給へ」(404 頁) のように，「英吉利」の「英」+「国」の略記が見られる．

注 4　岩波書店刊新版『漱石全集』第 3 巻を底本とする．

注 5　注 2 に紹介した春陽堂刊のものは，「ヱニス」表記である．

注 6　筑摩書房刊『鷗外全集』第 2 巻を底本とする．

注 7　新潮文庫を底本とする．

注 8　本書における『ジーニアス英和辞典』第三版は，電子辞書 CASIO EX-word 所収のものに拠る．

注 9　坪内逍遙の『当世書生気質』では，「是之（これこれ） economy of labour.（ほねをりの倹約）といふ」(第十二回)「(The sun, the most punctual servant of all works.) 時刻となれば用捨もなく」(第十四回)「Necessity is the mother of invention〔必要は発明の母〕ぢやァない」(216 頁) のように，「オブ」または「ヲブ」で表記されている．

注 10　『三四郎』の「カゾリック」は，英語式発音によるものと見られる．

注 11　表 2.1 の『広辞苑』引用部分で知られるように，英語でも「マカロニ」であるが，料理用語の一つとしてフランスから入ったと見て，フランス語としておく．イタリア語「マッケローニ」ではないことは，表記のあり方で明白．

注 12　注 2 に紹介した小林千草「百年の日本語　『三四郎』の言語学　14」(『望星』2006 年 5 月号) 参照．

注 13　ところが，最近，映画やアニメ，テレビゲームなどの音響効果として「エフェクト」の語が，若者たちの間で衆知のものとなっている．

注 14　表 2.3 は，小林千草 2005・6「外来語の現代」(佐藤武義編著『概説現代日本のことば』〈朝倉書店刊〉の第 4 章) 59 頁の表 4.1 を再掲したものである．

第3章
「和製英語」を考える

1. 和製英語とは

　外来語が，もともとは外国語であるが日本語に用いられるようになったもの（狭義には，漢語をのぞく）をさすのに対し，和製英語は，一見，英語圏より伝来した外来語風（英語風）ではあるが，日本で新たに作られたもので，本国ではそのような言い方・表現をとらない語をさす．

　たとえば，和製英語とされる「オフィス-レディー」「ナイター」「ナイトショー」「スケートリンク」は，それぞれ英語では，「office girl」「night game」「midnight show」「skating rink（ice rink）」と言われるものである．『岩波国語辞典』（第五版）を参照すると，他に表3.1[注1]のような例がある．

　波線を付した「ゲートボール」は，表記すると「gate ball」となるが，「五人一組で二組が相対し，各自が木球をT字形のスティックでたたいて，3ヵ所の低いゲート（門）をくぐらせ，ゴール・ポストに当てる競技である．1947年，北海道で考案」（『広辞苑』）され，「1970年代後半から高齢者を中心に全国に普及した」（百科事典『マイペディア』）球技であり，キーワードの「gate」と，「ball」を結びつけて出来上がっている．また，「ムーディー」は，「ムードのあるさま」の形容に使われるが，英語の「moody」は「不機嫌な」「気まぐれな」の意をもち，大いに意味が相違する．英語の「mood」の語義の一つに「作品などが持つ雰囲気」があるので，この雰囲気をプラスに拡大した結果が，和製英語としての「ムーディー」になる．「賢い」「きびきびした」「洗練された」な

1. 和製英語とは

表 3.1

和製英語	英語
アド バルーン	advertising balloon
アフレコ（アフター レコーディング）	postrecording (dubbing)
エーブイ［AV］（アダルト ビデオ）	porno (graphic) video
オープン セット	outdoor set
カー フェリー	ferryboat
ゲートボール	
ゴール イン	reach the goal (finish/cross/the goal line, break/breast/the tape)
シーエム［CM］	commercial message
タイム スリップ	moving by time machine
デス マッチ	fight to the death
ノー タッチ	have/has/nothing to do with this
パネラー	panelist
ビージー［BG］（ビジネス ガール）	office girl
フルーツ パーラー	ice-cream parlor also specializing in retail sales of fruit
プレー ガイド	ticket agency
ホーム ドクター	family doctor
ホーム ドラマ	family drama (family situation comedy)
ホーム ヘルパー	home care aid (home health aid)[米], personal care worker[米], home help[英]
マイ カー	one's own car, private car
マイ ペース	at one's own pace, in one's own way, in one's own good time
マイ ホーム	one's own house
ムーディー	
メーン スタンド	grandstand
ライト バン	station wagon[米], estate car[英], (delivery) van
レコード コンサート	gramophone concert

どの意をもつ「smart」が，「スマート」と日本語化された際，「細くてすらりとしているさま」の形容に変化したのと，似通った現象である．元は「ずるい」の意の「cunning」が「試験における不正行為としてのカンニング」となったのも，和製英語化する際に，意味・用法の"ひねり"を受けているからである．

「ホーム」や「マイ」を語構成要素としてもつものに和製英語が多いのも，「family」や「own」という英語よりも，「home」「my」という英語により親しく日本人がなじんでいた結果である．「AのB」という日本語的構成をすると，「ホームドクター」「ホームドラマ」や「マイカー」「マイペース」「マイホーム」

は簡単に生み出すことができる．コマーシャルのことばにこれらが乗せられると，聞く方も違和感がなく，あっという間に全国民に浸透してゆく．「ゴールイン」も「goal」に入るのだから「in」というまことに日本語文らしい構成を語構成上，有している．英語であると，「reach the goal」ほか数種の表現法がある上，「結婚すること」という意味が表わせない．「来月ゴールインする予定です」は，「They are going to get married next month」となり，「結婚する」という語をあえてさけた話者（書き手）の表現意図が生きてこない．つまり，和製英語は，それは広くカタカナ語の特性と言ってもよいが，その語でしか表現できない意味合い・ニュアンス・表現効果・ノリを持っていることが多い．英語という外国語の初期の導入にあって，原語の正しい意味用法を伝えることは大切なことであるが，漢語を長い歴史をかけて日本語に効果的に取り入れてきた日本人は，英語などの外国語に対しても，その才能や感性を働かせているのである．ただし，「リベンジ」「ゲット」「アバウト」をあげるまでもなく，昨今，少し調子にのりすぎている部分はある．IT用語を中心とするカタカナ語の政府規模の見なおしとともに，日常生活規模での私たち一人一人の自己管理（ゆくゆくは各人の日本語の美意識につながるものとして）が必要な時に来ているのである．

2. 和製英語の研究史と課題

　和製英語は，その語あるいは語構成の一部を成す英語が，外来語として伝来し，質・量的に成熟していないと，造られないし，造っても人々の愛用するところとならない．そこで和製英語の研究は，外来語研究とともにあったが，その一部を成すという感じで，本格的な研究気運は，近年高まってきている．また，表3.2に一斑を示すように，英語を専門とする研究者のアプローチが目立つのも一特徴である．

　2000年に入ってから，IT関連のものを中心に，ますます外来語が氾濫している．その影響を受けて，和製英語も多く生まれていることが予想されるが，その認定や言語対策は後手後手に回っている．また，一方で，明治時代に生まれた「ハイカラ」，大正時代に生まれた「モダンガール」（略して，モガ）「モダ

表3.2 「和製英語」研究の足跡一斑 注2

杉本つとむ『近代日本語の新研究』(1967年 桜楓社)	田辺洋二「和製英語の形態分類」(『早稲田大学日本語研究教育センター紀要』2 ― 1990・3)
松村 明『洋學資料と近代日本語の研究』(1970年 東京堂出版)	隈井清臣「カタカナ英語の問題(1)～(3)」(『愛知淑徳短期大学研究紀要』32, 33, 35 ― 1993・6, 1994・6, 1996・7)
森岡健二編著『近代語の成立 明治期語彙篇』(1972年 明治書院)	加島祥造『カタカナ英語の話』(1994年 南雲堂)
宮地 裕「現代洋語の構成」(『国語国文』46巻5号 ― 1977・5)	永田高志「和製外来語の複合語」(『文学・芸術・文化〈近畿大学文芸学部論集〉』6の1 ― 1994・11)
飛田良文編『英米外来語の世界』(1981年 南雲堂)	山田雅重『アメリカ人に通じない英語 和製英語のルーツ』(1994年 丸善)
横佩道彦『和製英語を正す』(1982年 朝日イブニングニュース社)	石綿敏雄『外来語の綜合的研究』(2001年 東京堂出版)
石綿敏雄『外来語と英語の谷間』(1983年 秋山書店)	河口鴻三『和製英語が役に立つ』(2004年 文芸春秋)
石戸谷滋「アメリカにおける和製英語の被理解度に関する調査報告(下)」(『岡山大学教養部紀要』24 ― 1988・2)	小林千草「外来語の現代」(『概説現代日本のことば』2005年 朝倉書店)

ンボーイ」(略して，モボ) など，現代では死語となったものもあるので，語史的研究の充実がのぞまれる．と同時に，語構成論を中心に，共時論として体系的に論じていく必要性も感じられる．

3. 外来語と和製英語のはざまを見つめる
―― 外来語のかぎりなく日本的な使い方 ――

2005年1～3月に掲載された朝日新聞の「天声人語」を，その英訳である「International Herald Tribune / The Asahi Shimbun」(「ヘラルド朝日」) 掲載の"VOX POPULI, VOX DEI"と比較対照していくと[注3]，外来語が多くの人にそれとは意識されずに"和製英語化"する過程をかいま見ることができる．

> ① テレビだけで育った<u>タレント</u>はすぐ消えてしまう、とまず芸を競わせた。(05・1・5・水) [注4]
>
> ①′ Officials at the company used to say that <u>entertainers</u> who become popular only through television exposure would soon fade away.

私たちの日常生活で頻度数も高く使われ，幼稚園児から高齢者まで知ってい

る「タレント」という外来語（カタカナ語）が「talent」ではなく，「entertainer-(s)」と訳されている．

同じ記事の中でも

> ② 先の調査でも好きな芸人・<u>タレント</u>のトップだった明石家さんまについて
> ②′ As in other polls, Akashiya Sanma, the most successful Osaka <u>entertainer</u> who started out as a *rakugo* comic storyteller, was voted the most likable TV star in the Asahi survey.
> ③ テレビ界の安易な<u>タレント</u>志向
> ③′ broadcasters' thoughtless reliance on popular <u>entertainers</u>

のごとく，「タレント」は全て「entertainer(s)」となっている．と言うことは，アメリカ・イギリス・オーストラリアなどの英語圏で話す際は，日本語文脈のつもりで「talent」を使っては，十分伝わらないということである．原語と日本語文脈内での使い方とに，距離が開きすぎている．

もちろん，日頃，英語に親しみ，英和辞書を引きなれていると，図 3.1 の記述により，「He is a TV talent.」という言い方は不可であると学ぶことが出来る．そして，「TV performer」「TV personality」「TV star」が勧められている[注5]．

ところが，日本で最も大部な辞書であり，第二版刊行年次が 2001 年 8 月で

> **tal・ent**/tǽlənt/《初 12c 以前；ギリシア語 talanton（平秤(½)，はかり，重さ）より．→「才能の重さ」》
> ―名 1 ⓒⓊ〔…に対する〕（生れつきの，主に芸術的な）才能，適性〔for〕《◆ gift の方が強意的》∥ Debating is a ~ to be fostered and nourished. ディベートは育て奨励すべき才能だ / develop one's ~ as a singer 歌手としての才能を伸ばす / She has a ~ [has no ~] for figures. 彼女は計算の才能がある［ない］/ Bob has a ~ for getting into trouble. ［皮肉的に］ボブはもめごとを起す才能がある / show off one's manifold ~s 多方面の才能を見せびらかす / *Great* ~*s flower late.*(諺) 大器晩成． **2a** Ⓤ［集合的に；単数・複数扱い］**才能ある人々，人材**；ⓒ（米）［形容詞を伴って］才能ある人《◆音楽家・俳優などのほか，実業家などについても用いる》∥ encourage the local ~《略式》地元の人材を育成する / That singer is a real ~. あの歌手は本当に才能がある / The soccer team is looking for new ~. そのサッカーチームは新しい人材を求めている．関連「彼はテレビタレントだ」は He is a TV performer [personality, star]. などといい，ˣHe is a TV talent. は不可．**b** Ⓤ《英俗》［集合的に；複数・複数扱い］性的魅力のある人々．
> （以下，略）

図 3.1 英語 "talent" の定義（大修館書店『ジーニアス英和大辞典』(2001 年初版) による）

> タレント 〖名〗(英 talent) ①才能。特に芸術上・学術上の才能。才幹。＊社会百面相（1902）〈内田魯庵〉女学者・下「お幹さんのやうな才識（タレント）の無い人が如何程の月給が取れるものか」＊青春（1905-06）〈小栗風葉〉春・一三「僕は唯能才（タアレント）を以て居るので」②才能・特技を持つ人。現在では芸能人、特に「テレビタレント」のようにテレビの売れっ子の意で用いることが多い。さらに広く、文化人、芸術家などを含めてもいう。→タラント。＊笹まくら（1966）〈丸谷才一〉四「ちょっと渋いマスクのタレントが登場する」 〖発音〗〈標ア〉㋐ ②は◎

図3.2 日本語「タレント」の定義（小学館『日本国語大辞典』(2001年第二版による)

ある『日本国語大辞典』（小学館）第八巻所収の「タレント」項は，図3.2のような記述をとり，英語に対する"誤用"的用法への注意喚記がない．『社会百面相』や『青春』の反映する明治35～39年（1902～1906）では，英語本来の意味で用いられていたものが，戦後（太平洋戦争終結1945年8月）の復興・高度経済成長時代に連動するテレビジョンの普及にともなって丸谷才一が『笹まくら』で記しているような用法が広まり，現在に至っていると解される．100年も経てば，日本語の語そのものも意味・用法の変化をもっているのだから，「タレント」一語に目くじらを立てる必要はないという意見もあろうが，国際社会において英語圏の人々と会話する機会の多い現代だからこそ，英語圏での正しい言い方を補足しておくことは，辞書の役目であると思う．従来，カタカナ語辞典・外来語辞典は，国語辞典と別に存在してきたことが，このような配慮（使用者へのサービス）を手うすにしているものと思われるが，CD-ROMや，ネット配信で辞書が読める現在，一部，英文を用いた補足は経費的にも技術的にも難しいことではないであろう．

> ④ 先日報じられたセイコーのインターネットによるアンケートの結果である。
> ④′ A recent online poll, conducted by Seiko Corp., asked 20-year-olds (and those who are reaching adulthood this year): "What is your market value?"（以下，略）

研究論文や学生の卒業論文，各種メディアの情報分析の手段として，「アンケート」はしばしば実施され，「アンケート（の）結果」として分析公表される．実は，語源的には，「アンケート」は，フランス語「enquête」である．『広辞苑』

でも，その旨を明示している．ところが，一般には，英語圏でも通用する語のように思われている．しかし，現実には，④′に示されているように「poll」(世論調査〈の結果〉) や「questionnaire(s)」「survey」が使われている．なお，④′の場合，「アンケート結果」は，「The Seiko poll results」となっている．

1998年11月に第五版の刊行された『広辞苑』の「バブル」項は，「bubble」として原語である英語を示し，「泡．気泡．泡沫．転じて，実体のない見せかけだけのもの」と記し，ついで，

> ⑤ バブル・けいざい〔──経済〕投機によって生ずる，実態経済とかけはなれた相場や景気．バブル現象

と記述している．2001年10月刊『日本国語大辞典』(第二版) 第10巻の「バブル」「バブル-けいざい」も相似た語釈であるが，「バブル経済」につけられた「経済に底力がなく，破綻しやすい」が，より親切な説明となっている．

確かに，『ジーニアス英和大辞典』を引くと，「bubble」の語義の八つ目に，「〔経済〕泡沫的投機〔事業〕(現象) The bubble bursts. バブルがはじける；幸運な状態が突然崩れる」と記されており，「bubble」とカタカナ語「バブル」は等価の語として用いられている．しかし，『英文対照　天声人語』では，

> ⑥ バブル崩壊で終身雇用が大きく崩れ、一生を託す場という古来の企業観は揺らいだ。
> ⑥′ The collapse of the asset-inflated economy early in the 1990s left the nation's lifetime employment system teetering on the brink.

のごとく，正確な説明に置きかえられている．「バブル」を経験し，「バブル崩壊」のもたらす生活への影響を日常レベルで経験した日本人と，英語を母国語とする英語圏に住む人々との社会的意味の色合いを考えて，⑥′ではより精密な記述をとったものと思われる．

3. 外来語と和製英語のはざまを見つめる

『広辞苑』(第五版)の

> ⑦ ホーム-ページ【home page】
> インターネットにおけるワールド-ワイド-ウェッブ (www) 上のサイトの最初のページ，サイトにあるデータを総称して呼ぶ場合もある。

における，点線部は，一般人に最も広く通用している「ホーム-ページ」の概念であろう．それゆえに，「天声人語」氏も，

> ⑧ 厚生労働省のホームページには (中略) とある．

と記している．しかし，英訳にあたっては，

> ⑧′ The Ministry of Health, Labor and Welfare's Web site explains (以下，略)

のごとく，「Web site」に直されており，ここに英語圏の使用実態がうかがわれる．
　『ジーニアス英和大辞典』では，「Web·site」「Web site」の用例として，

> ⑨ On your next visit to our *Web site*, come see What's New for You by clicking on the link on the right-hand side of our home page.

があげられ，次のような和訳が付されている．

> ⑨′ 次回私たちのサイトにお越しの際はホームページの右側にあるリンクボタンをクリックして「あなたのための新情報」のページをぜひご覧ください．

これは，「(Web) site」と「home page」の英語での使い分けを反映した例

となっている．

　「クレーム」（claim）の本義が，「売買契約で商品の数量・品質・包装などに違約があった場合，売手に損害賠償を請求すること」であることは，かなり一般に知られているようにうかがわれる．商取引を広義に解釈していくと，『日本国語大辞典』（第二版）の示す，

> ⑩スポンサーからストーリーが暗すぎるとクレームがつき（高橋和巳『白く塗りたる墓』 1970年）
> ⑪そうなると劇場側からクレイムがつくようになり（坂本朝一『放送よもやま話』Ⅱ・初代吉右衛門の死　1981年）

のような，"相手の行為や処置などに対する苦情"という意味合いとなり，我々はこの転義の方を日常語彙として使う場面が多い．『広辞苑』（第五版）も，先に引用した本義（原義）を①とし，②に「異議．苦情．文句．「――をつける」」をあげている．ところが，『ジーニアス和英辞典』の「クレーム」項には，「complaint」の語をあげ，「支配人にサービスについてクレームをつける」は，「make a complaint about the service to the manager」と英訳されている．同じことが，『英文対照　天声人語』でも指摘されている．つまり，

> ⑫「クレームが来るのではないかと予想はしていたが、こんなに大きな波とは」。
> ⑫′ "We expected some kind of protest action, but we didn't expect to be hit by a huge wave like this," said Genichi Hashimoto, the new president of Japan Broadcasting Corp. (NHK).

のごとく，「クレーム」は「protest action」と直されている．英語での使い方と日本語での使い方に，距離が出ている証拠である．

　「アピール」（appeal）に対して，『広辞苑』（第五版）は，

3. 外来語と和製英語のはざまを見つめる

⑬①主張を世論などに呼びかけること。呼びかけ。「平和へのアピール」
　②心に訴える力。魅力。「セックス-アピール」
　③運動競技で、審判の判定に異議を申し立てること。

とし，これら三つの意義用法は，ほぼ一般に浸透しているように思われる．「セックス-アピール」も和製英語ではなく，「sex appeal」[注6]として『ジーニアス英和大辞典』にも記載がある．ところが，「選挙」と結びつけた「アピール選挙」の場合，

⑭ 選挙後「際立った成功」と語ったブッシュ米大統領にとっては，肝心
　要（かなめ）の「アピール選挙」だった．（2005・2・1・火）
⑭′ For U.S. President George W. Bush, who hailed the vote as a "resounding success," it was a crucial "show-case election." (Herald Asahi, Feb. 2)

のごとく，「show-case」という語が用いられている．この「show-case」には，次のような「英文訳注」なるものが付されている．

⑮ showcase （人や物を）引き立てて見せるもの（= an event that presents sb's abilities or the good qualities of sth in an attractive way）．

日本文を記した「天声人語」氏は，「米軍の占領からイラク国民の自治へと至る道筋の中で，選挙ができる段階にまでたどり着いたことを確認する．そして世界へと訴える．」とした後を，⑭の文が受けている．したがって，"世界へ訴える選挙"という意味付けで，「アピール選挙」としたものかもしれない．それを「Herald Asahi」の英訳者は，「resounding success」（際立った成功）を演出し披露する飾り棚のような選挙として解釈したために，意味の拡大を考慮しても，なおかつ，幾分かのくいちがいの残る内容となっているように思わ

れる．

「トラブル」(trouble) につき，『広辞苑』(第五版) は，

> ⑯ ①いざこざ．厄介なこと．悶着．「トラブルを起す」
> ②故障．「エンジン-トラブル」
> ⇨トラブル・メーカー〔troublemaker〕

と記す．このうち，「engine trouble」も「troublemaker」も歴（れき）とした英語である．しかし，「精神的トラブル」につき，『英文対照　天声人語』は，

> ⑰ mental and emotional problems (Herald Asahi, Feb. 4)

と訳している．「家庭内トラブル」「職場内トラブル」「男女間トラブル」など，造語力の旺盛な「トラブル」であるが，いつしか原語の範疇を越えて，和製英語的用法へと流れいくようである．

「ヒントを得る」という表現がある．すでに1911年発表の森鷗外『流行』に，「十六世紀に羅馬法皇の遣った事と，今アメリカの大統領の遣ってゐる事とからヒントを得たのだよ」と，当該用法を見出すことができる．上記の用例を挙げた『日本国語大辞典』(第二版) は，「ヒント（英 hint）　ものごとを解釈したり、創作したりするときに手がかりとなるような情報」と説明する．ところが，『ジーニアス英和大辞典』を検するに，「ほのめかし」「暗示」「手がかり」はあっても，「創作したりするときに」にあたるニュアンスを持つ用法が示されていない．そのことと符丁を合わすように，

> ⑱ 曲名は、どこまでも続く黄色っぽい中国の道からヒントを得たという。
> (2005・2・11・金)
> ⑱′ According to Akiyoshi, "Long Yellow Road" was inspired by yellowish roads in China that seem to stretch forever. (Herald Asahi,

| Feb. 12)

という対照が見出せる．「hint」では，理論的もしくは実践的であった手がかりが，「inspire」という動詞だと，霊感という創造的要素が加わり，⑱′ の状況下ではよりふさわしい表現となっている．しかし，「inspire」の名詞形「inspiration」だと，日本語の場合，「インスピレーション」として独特の意味をもち[注7]，インタビューなどで多用すると，そのアーチストの創造活動が安っぽくなるおそれがある．そこで，あくまで「ヒントを得た」でとどめておく表現上の配慮があり，その発話上のかけひきまでは英訳には反映されてこない．そして，このような発話上のかけひきこそ"日本人的なもの""日本的なもの"である以上，英語圏では通用しない場合も生じてくる．

⑲ チェック役の議会は何をしているのか．(2005・3・7・月)
⑲′ Where is the checks-and-ballances function of the municipal assemblies? (Herald Asahi, Mar. 8)

⑲でも十分，意味は通じるし，日常会話では⑲が普通である．しかし，英訳の⑲′ を見てはじめてこのような英語があることを知る．『広辞苑』（第五版）の「チェック」項は，⇨の記号を付して，「チェック-アウト」(check-out) の次に「チェック-アンド-バランス」(checks and balances) を挙げているぐらいだから，行政における「抑制均衡」やその原理は，知る人ぞ知るという状態であったであろうに，筆者は知らないで来た．「天声人語」氏がたとえ熟知であろうと，⑲を「チェック-アンド-バランス役の」とすることはないであろう．天声人語というコラムの字数制限はもとより，「チェック役」で，同じようなことを表わせるからである．外来語が原語から日本語化する際，意味領域が拡大し，あいまいになる分，そのカタカナ語を用いる側は気易く使うことができる．外来語の和風化——和風英語とでも名づけようか，それは，和製英語を生み出す地盤と共通する．

4. おわりに

本章は,「和製英語」に関する章であるが,本章第3節で考察をしたように,英語に訳される時,その語は使われず別の英語(英語表現)に置きかえられるものをも,対象にした.本章を閉めるにあたって,もう一例を追加したい.それは,「プラス」「マイナス」である.「プラス評価を得る」「マイナス評価をつけられる」など,話題になることがある.

> ⑳ プラスの評価を得る者は幸いだ。(2005・3・27・日)
> ⑳′ Fortunate is anyone whose accomplishments are deemed positive.
> 　(Herald Asahi, Apr. 11)

⑳′では,「positive」と英訳されている.『ジーニアス和英辞典』[注8]の「プラス」項を見ると,《略式》という注記をつけて「利点,プラス材料　それは会社にとって大きなプラスだった　That was a great plus [advantage] for our company.」とし,この例文は,日英ともに変わりがない.ただし,[　]内に「advantage」が併記してあるように,次には,「advantage　有利な点,強み,メリット」が示されている.また,「プラス要因」は「plus factor」でよいものの,「プラス成長」となると,「positive growth」が示され,経済用語である旨が付記されている.

一方,『ジーニアス和英辞典』で「マイナス」を引くと,「プラス」項目よりも日本語との共通点がない.まず,「このことは彼女にとってマイナスとなるだろう　This will be a disadvantage to her.」において,「disadvantage」が,

> ㉑マイナスイメージ　　negative image
> 　マイナス材料　　　　negative factor
> 　マイナス思考　　　　negative thinking [thought]

においては,「negative」が英語の表現として対応している.

「プラス」「マイナス」というペアになるカタカナ語が，原語である英語でそのまま使える環境にずれをもつにかかわらず同じような使い方を日本ではしているため，特に「マイナス」に関しては，和製英語の要素が強くなっている．

　和製英語の問題点は，英語圏のネーティブ-スピーカーとのコミュニケーション上，齟齬をきたすことである．英語という分野に特別の興味がなければ，和製英語や和風英語を疑いもないカタカナ語として生涯使いつづけることになる．ますます国際化する社会にあって，このような弊害をとりのぞくためには，中学・高校・大学における英語教育を国語教育と有機的に結びつける必要がある．原語とカタカナ語との微細な差違に目をつけることは，日本人・日本文化と異文化との文化比較にまで発達し，その成果は，日本語教育の現場にも生かされるはずである．

　カタカナ語の中でも，和製英語や和風英語は，こと日本語学でおさまるものではなく，広く英語学・英語教育との連繋[注9]を必要とする研究分野であると思う[注10]．

注1　表3.1は，小林千草2005・6「外来語の現代」(佐藤武義編著『概説現代日本のことば』〈朝倉書店刊〉の第4章) 61頁の表4.3を再掲したものである．
注2　表3.2は，小林千草2007・1「和製英語」(明治書院刊『日本語学研究事典』所収) を取りこんでいる．
注3　2005年5月原書房刊『天声人語2005春　VOL. 140　VOX POPULI, VOX DEI』を底本とする．
注4　(05・1・5・水) は，「2005年1月5日水曜日」の掲載記事であることを示す．
注5　『ジーニアス英和大辞典』の「TV」項にも，「× a TV talent」と記され，「TV talent」という言い方が不可であることが示されている．
注6　ただし，「やや略式」という補説がつけられている．訳は「性的魅力」となっているが，日本語の「セックス-アピール」の場合は，例⑬の①の意味が複合し，「性的魅力の顕示・誇示」の意味合いとなっているように見うけられる．
注7　『日本国語大辞典』(第二版) では，「（英 inspiration）①創作、思考などの過程において、瞬間的に浮かぶ考え。それが新たな飛躍的活動をうながすときにいう。ひらめき。霊感。」という語釈をつけ，外山正一『日本絵画の未来』(1890年)，北村透谷『松島に於て芭蕉翁を読む』(1892年)，夏目漱石『三四郎』(1908年) などの例をあげている．
注8　本書における『ジーニアス和英辞典』第二版は，電子辞書CASIO EX-word 所収のものに拠る．
注9　外国人 (English-speaker) による日本語におけるカタカナ語論は最近活発なようで，

インターネット上でも検索可能である．また，マーク・レッドベター『その英語，使えません！——英語だと思っているのはカタカナ語です』(小学館文庫) などの本もいくつか出されているが，大局的な論にはいまだ至らないのが現状である．なお，『日・中・英言語文化事典』(2000年5月マクミラン ランゲージハウス刊) の「ウェット／ドライ」「カルタ／カード／カルテ」「サービス」「ピンク」「レモン」などカタカナ語項目は，日・中・英の言語文化比較論として面白い．

注10　本章は，『湘南文学』(東海大学日本文学会) 第42号 (2008年3月刊) 掲載の小林千草「「和製英語」小考——「和風英語」に注目して——」を，本書構成に必要なものとして再録したものである．

第4章
若者語・流行語としての外来語

1. はじめに

　第2章第1節で引用紹介した『当世書生気質』における明治文明開化期の書生たちの"英語かぶれ"のみならず，英米文化・音楽・文物に触れる機会の多い現代の若者は，教養としてだけではなく，自分たちのコミュニケーションのノリとしても外来語（カタカナ語）を多くその会話に取り入れている．
　本章では，それら若者語，流行語としての外来語に目を向けてみたい．

2. 「リベンジ」「ゲット」「ターミナル」「スピリッツ」「ミレニアム」「メモリー」「キャラ」「アバウト」

本節では，標記に示した外来語につき，トピック的に言及していく[注1]．

(1) リベンジ
(1)-1

　1996年6月4日付『朝日新聞』朝刊「コラム　私の見方」は，整理部の佐藤一夫氏による「「リベンジ」わかりますか」というタイトルを持つものであった．4月末，西武ライオンズの松坂大輔投手が対ロッテ戦でプロ初完封をした際，「松坂　リベンジ　初完封」と大見出しをつけたことへの読者からのおしかりを受けての釈明を兼ねた記事であった．

(1)-②

　6月9日，早速，勤務する短期大学部の女子学生70名にアンケートをとってみたところ，「リベンジ」という語を知らないと答えた学生が44名（63％），知っていると答えた学生が26名（37％）であった．知っていると答えた学生の多くが，体育会系の部活・サークル所属者，ないしは，スポーツ大好き人間であった．佐藤氏も指摘しておられたが，オープン戦の際，松坂投手自身「リベンジ」ということばを使い，スポーツ各紙も見出し語に採用した．また，格闘技K-1では数年前から「リベンジ」大会を催している．したがって，スポーツ界になじみのある人間ほど「リベンジ」というカタカナ語を受け入れやすいし，時には，すでに使用者であったりする．かく申す私，息子たちよりスポーツ界にうとく，「リベンジ」なる語が第一次的にはわからなかったのである．第二次的に，文脈をたどれば，「復讐」「しかえし」であることを理解できるが．

(1)-③

　「歌手槇原敬之の曲のタイトルに使われていたので，辞書で意味を調べた。96年のことです。その後も大学受験の勉強をしていた時，単語帳に載っていたので，覚えました」というコメントをくれた学生もいた．こんなのもあった．「早稲田大学の入試に失敗し一浪した人が，『今年はリベンジに行ってくる』と言ってまた落ちていた。今年の三月」．講談社コミックス『DEAR BOYS ㉑』（ディア ボーイズ）（1996年7月刊，著者八神(やがみ)ひろき）における「SCENE 81 REVENGE」（リベンジ）から，「リベンジは／インターハイに／なるかと思(おも)って／ましたが……おかげで／思(おも)いのほか早(はや)く／チャンスが巡(めぐ)って／来(き)ましたよ」のセリフを教えてくれた学生もいた．

(1)-④

　さて，現在，雑誌広告の見出しやTV番組名にもリベンジが気軽に使われ，なんと，朝日のスポーツ欄にも「　」なしのリベンジが．1年余の間に，「リベンジ」はリベンジしたのである．

(2) ゲット

(2)-①

　「ゲット」もスポーツ用語から一般語に拡大した．1984年12月28日付『朝

2.「リベンジ」「ゲット」「ターミナル」「スピリッツ」「ミレニアム」「メモリー」「キャラ」「アバウト」　75

日新聞』夕刊「らうんじ」面に,「若者'84　これが平均像だぜ」という記事があり,平均的若者像として「ゲット人間　裏方はイヤ目立ちたい」が挙がっている.「?」と思って先を読むと,

「かりに頂上アタック組をゲット（Get）人間、サポート役をアシスト人間と呼ぶとすると、当然、いまの若者はゲット人間が多い。目立ちたがりだ。大学の演劇サークルでも、照明をやろうという学生は減り、だれもが良い役をとりたがる」

となっていて,納得されうる.

(2)-②

早大山岳部元監督のことばを文字化したこの文章,元監督の脳裏に,球を使う団体競技のアシストとポイント・ゲッターの構図があったことを推察させる.もちろん,ゲットを用いるのは,バレーボールやサッカーだけではない.

「8分。鈴木のシュートのリバウンドを、川平がシュート。これも止められたが、コクドDF陣のカバーが遅れた。そこに走り込んだ矢島が、こぼれ球を3度目の正直でゲットし,同点に追いついた」(1994年3月7日付『朝日新聞』朝刊)

は,アイスホッケーの例である.しかし,何と言っても,「中山が左足でゲットしていた」(同年3月27日),「相手DF陣の真ん中に飛んでいたボールに高木が突っ込み、頭でゲット」(同年6月12日)など,文字として記されたものには,サッカーの例が多い.

(2)-③

「『バカゲット』は「泣くなら男の前で泣け」とある通り、バカ（男）をゲットする（落とす）テクニック満載のマニュアル本だ。(略) 男性側の読者も急増。「ウラのウラをかいて、"逆ゲット"します」といった、意外に頼もしい意見もあるとか」(1995年7月31日刊『週刊アエラ』)

これは,一般語に拡大した例.1996年あたりになると,「デパートで就職情報をゲット」「私はこうして育児仲間をゲットした」「横文字のカッコいい証明書をゲット」「お宝をゲット」など,ぐんと用例が増える.

(2)-④

「獲得（かくとく）」は,字も難しいし,音が角々（かくかく）している.それに対して,「ゲット」は,

勢いがあり，ノリやすい．「ザリガニ，ゲットしたよ」――かくして現在，子どもの会話にまで市民権を，ゲット！している．

(3) ターミナル

(3)-①
「リベンジ」も「ゲット」も，スポーツ界を主たる源泉に，私たちの日常生活の表現にまで浸透してきたカタカナ語である．一方，社会・経済・文化の大変化や世代交替によって，忘れられゆく，あるいは，マイナス・イメージを付加されゆくカタカナ語もある．その一つが，「ターミナル」である．

(3)-②
「ターミナル」(terminal) の原義は「末端の」「終末の」である．したがって，名詞として「終着駅」の用法がある．映画『終着駅』や奥村チヨさんの歌謡曲「終着駅」に象徴されるごとく，「終着駅」という語には，どこか物悲しく郷愁をさそうものがある．ロマン的叙情がただよう言ってもよい．

(3)-③
日本が高度成長をとげつつある頃，札幌駅・東京駅・名古屋駅・大阪駅・博多駅などは「ターミナル・ステーション」として脚光を浴びた．こちらは，「終着駅」というよりも，数種の鉄道路線が集中する主要連絡駅という意味合いで，にぎやかさと華やかさがある．駅舎を含む大建造物は，「ターミナル・ビル」と呼ばれ，「ターミナル・ホテル」や「ターミナル・デパート」を有する所もあった．

(3)-④
1994年11月4日付『朝日新聞』夕刊掲載の「消える「ターミナル」ホテル」では，「ターミナル・ケア」（終末医療・末期医療）の語感が国内外で強まってきたため，「ホテルのイメージダウンを避けよう」と，JRグループのホテルの名の中に使われてきた「ターミナル」という語が次々と姿を消して，改名されつつある現状が報告されている．その当時，学生に意見を聞いたところ，43名中16名が，「国際社会なのだから原語の現在持つイメージを尊重すべき（つまり，改名賛成）」であり，15名が，「その名称で通ってきた歴史やターミナル＝終着駅の持つ"便利""すてきな"イメージから，あえて改名する必要を

感じない」と記していた．

　その時から，7年[注2]が経つ．「ターミナル・ケア」「ホスピス」の思想は，日本でもかなり根づいてきたように思う．一方，「ターミナル」のつく語で日常的なものは，「バス・ターミナル」ぐらいであろうか．「フェリーターミナル」，「空港ターミナル」などの語も，選択する交通手段によってはおなじみという人もあろう．いずれにしろ，「ターミナル」が下部要素にきているかぎり，いまだ，ことばの終着駅に追いやられることはない．

(4) スピリッツとスピリット[注3]

(4)-①

室町末期の1591年，日本イエズス会が刊行したキリシタン教理書『どちりいな-きりしたん』には，ゼス-キリシトが「すぴりつ-さんとの御奇特を以てやどされ給ひ、びるぜん-まりやより生れ玉ふ」と記されている．同じくイエズス会にて1595年に作られた『Compendium（講義要綱）』では，「スピリツサント」を注解して，「一ニハスヒリット、二ニハサントハ、此二ノ辞也ト思案スル事」と述べている．日本人がはじめて耳にした「スピリツ」であり「スピリット」であった．

(4)-②

ポルトガル語（古語）「Spiritu」から，「スピリツ」は音表象しやすく，キリシタン文献においては，「スピリット」より広く多く使われている．さて，今回テーマとするのは，英語の「Spirit」．明治期に至ると，福沢諭吉は『学問のすゝめ』で「スピリット」，坪内逍遥や北村透谷もそれぞれの『当世書生気質』『明治文学管見』において「スピリット」を用い，阪谷素は「民選議院変則論」（『明六雑誌』27号）において「スペリット」を使っている．福沢は「気風」の意で，坪内は「気象」，北村は「精神」の意で用い，阪谷は「是まで奴隷習になれし者も是では黙っておられぬと『スペリット』を興します」という文脈で使っている．

(4)-③

明治期の"ゆれ"も「スピリット」に収斂されて昭和期に入ったが，現代の女子学生の中には「スピリッツ」派もいる．かく言う私が，実は，「スピリッツ」

派である．この語を覚えたのが英語教科書からであったためだろうか．テレビ東京の番組名が「徳光和夫の情報スピリッツ」であることで，多少肩身のせまさは解消したが，現行の国語辞書で見るかぎり，市民権は，やはり「スピリット」にある．

(4)-④

『広辞苑』(第五版)では，「スピリット」を見出し語とし，①霊・霊魂・精霊・精神，②気性・気風・意気，のあと，③酒精，転じてアルコール度の強い酒のことと説明するが，そこで，やっと，「スピリッツ」に出会える．『三省堂国語事典　第三版』『新明解国語事典　第四版』『現代国語例解辞典　第二版』なども，「スピリット」のみ．ただ『大辞林』のみが，「スピリット」のあとに「スピリッツとも」とあり，ほっとする．「徳光和夫の情報スピリッツ」の視聴率があがれば「スピリッツ」世代が育つことになろうか．

(5)　ミレニアム

(5)-①

日本で最も大部な国語辞書である『日本国語大辞典』初版（小学館）に，「ミレニアム」の項目はない．『広辞苑』第五版は，1998年11月刊であるが，「ミレニアム」はない．ただし，「千年（せんねん）」の項に，「千年説（せんねんせつ）」があり，宗教語と明示した上で「millenarianism」という原語が示されている．

(5)-②

『朝日新聞』を検索すると，1990年7月12日付朝刊に「若い女性の感覚にまかせます　東急百貨店が新会社「ミレニアム」設立」とあり，1991年5月11日付夕刊に「世界文化ウォッチング」として「世紀末の記念祭ブーム」記事の中に「ミレニアム」が登場．1992年に2件，1993年に2件，数年とんで1997年に9件，1998年に10件という出現状況であるから，『広辞苑』編集時点では，マークされていなかったことであろう．

(5)-③

ところが，1999年，新聞どころか，町には「ミレニアム」の文字があふれた．特に夏が過ぎ，10，11，12月と加速されてゆく．その頃，学生たちに，「ミレニアム」について簡単なアンケートをしてみた．正しく説明できた者は少ない．

「2000年を迎える1999年のこと」「おめでたい2000年の前でおめでたい時」「世紀末だが明るい世紀末」等々．英語を専攻する学生は，さすが，英和辞書を引用して正しい意味を示した．

たしかに英和辞書なら，手元のもの（1965年3月第八版）にも，「millennium [míléniəm] *n*. (*pl*. ~s, -nia) 1 千年（間）；千年祭 2 (the m-) 千年期，至福千年（期） 3 (幸福・平和・繁栄の) 黄金時代」というふうに，「ミレニアム」は出ている．しかし，「ミレニアム特需」「ミレニアム商戦」「ミレニアム出産」「ミレニアムベビー」「ミレニアム年賀状」などと次々に使われると，英和辞書の説明をもってしても，曖昧模糊としてくる．

(5)-④

公式見解では，「21世紀も第3ミレニアムも2001年1月1日から始まる」のであるが，「昨年末から今年初めにミレニアム（千年紀）の変わり目を祝っている」．この『朝日新聞』2000年12月29日付の記事「新世紀世界はもう祝った」は曖昧性を排除した好例である．つまり，「ミレニアム」は，点ではなく，線として把握すべきものだったのである．

(6) メモリー

(6)-①

「メモリー」に日本人が初めて出会ったのは，1591年頃，日本イエズス会で刊行された『どちりいな-きりしたん』においてであった．

　　「我等があにまはたゞ一体にてありながら，†めもうりあ・ゑんてんじめんと・おんたあで、三つのぽてんしや有ごとく」

これは，国字本であるが，1592年天草学林刊行のローマ字本『ドチリイナ-キリシタン』では，「一にはめもりやとておぼえたる事を思ひ出だす精」という説明が加えられた文章となっている．

(6)-②

ポルトガル語「Memoria」に対して，すでにこの頃，「メモウリア」「メモリヤ」の"ゆれ"があったことがわかる．1595年成立の『*Compendium*（講義要綱）』には，「一度物ヲ能ク覚へ、メモウリアニ居リタル事ヲバ忘ル、事難シ」「同シメモウリアナリト雖モ、事ニ因テ忘ル、事ノ遅速アル事如何」とあり，学林で

学ぶ日本人若人が,「諷ズル」「覚タル」「ヨク覚ユル」などの和語と対応させつつ, 神学用語よりはさらに広い意味の「Memoria」に向きあっていたことがしのばれる.

(6)-③

"記憶"のメカニズムまで教授された日本人若人たちの知の蓄積も, 禁教令とともに歴史の背後に隠されてゆく. どんと時代が飛んで昭和後期.「メモリアル・パーク」「メモリアル・ホール」などの形で耳慣れるほか,「メモリー」という語を含む歌詞にも親しんだ. しかし, 何と言っても, パーソナル・コンピューター（パソコン）の普及が,「メモリー」「メモリ」を職場のみならず家庭の日常会話にまで持ちこんだ. 村上春樹氏の『世界の終りとハード・ボイルド・ワンダーランド』(1985年) における「そしてそれをメモリーしてから、そのうちの二つだけを残し、前のメモリーぶんの下にそれを並べた」あたりが, その種の「メモリー」のメモリアルな例の一つになろうか.

(6)-④

1976年1月刊の『日本国語大辞典』第19巻「メモリー」項には,「①記憶. 思い出. ②電子計算機の記憶装置」とある. 1998年11月刊の『広辞苑』(第五版) では, ②が「情報を記憶しておく電子素子, または装置. 特に, コンピューターの内部記憶用の装置. メモリ」と, より的確. 新しい辞書が有利だという一例である.

(7) キャラクターとキャラ

(7)-①

開高健の『巨人と玩具』(1957年) における「トレード・キャラクター、つまり、特売期間中、新聞広告やポスターのモデルに誰を起用するかという問題である。これはもっぱら合田の責任であったが、彼は重役や部課長連中が会議の席上で提案する少女歌手や少年スターなどを、そのたびに言を左右にして賛成しようとしなかった」は, 現在, 広告業界・マスコミ業界を中心に多用される「キャラクター」の早い時期の例と言えよう. 作家開高氏の前身が広告畑であったことも思い合わせたい. また,「つまり」という副詞にも注目したい.「つまり」以下の言い換え・説明を必要とした時代であった.

(7)-②

『巨人と玩具』発表時より30年ほどたった『朝日新聞』を見ると,「宣伝キャラクター」「マスコットキャラクター」「キャラクター商品」「新キャラクター登場」「キャラクター付き○○」「アイドルキャラクター」「イメージキャラクター」「人気キャラクター」「キャラクター化」「キャンペーンキャラクター」等々,お茶の間への浸透がうかがわれる.

(7)-③

五木寛之『風に吹かれて』(1968年) 所収の「奇妙な酒場物語」には,「私たちのグループの性格と、その店のキャラクターが、全く偶然に一致したためとしか考えられない」という文がある."私たち"には「性格」が使われ,"店"には,「キャラクター」が使われており,商業面での"持ち味"には,「キャラクター」が意識的に選択された背景が推察できる.さらに古く,小栗風葉の『青春』(1905～1906年)には,「兄さんなんかと性格が違っててよ」という,若い女性の使用があるが,"持ち味"が,原義的な"気風""性質"となると,さらに古い例が見いだせる.「両相合して我が日本国民の現在の気風とは成りたるなり」(西周『国民気風論』 1875年),「小説の要は人物の性質、着想を写すに在り」(石橋忍月『浮雲の褒貶』 1887年) がそれらで,表記にも特色がある.

(7)-④

さて,現在,「キャラクター」を略して「キャラ」と称することがはやっている.「シンボルキャラ」「マスコットキャラ」もあるが,何と言っても「ゲームキャラ」の果たした役割は大きい.「新キャラ」「人気キャラ」などと,小学生も使う.成人タレントも「キャラ的には……」と言う御時勢である.

(8) アバウト

(8)-①

社会人となっている息子が中学生の頃,筆者に向かって,「お母さんはアバウトなんだから」と言った.「アバウト」→ about →約……→大まか→大らか,こう結びつけて,にっこり笑い返したが,よくよく思い返せば,大まか→大ざっぱ→いい加減,というマイナスのニュアンスが含まれていたのかもしれない.

(8)-②

　そのうち，メディアの流す「アバウト」に敏感になっていったが，『朝日新聞』を検索すると，1984年12月7日付朝刊において，中曽根首相は「金丸さんは直感力のある頼もしい幹事長。ただ、少しアバウトなところがあってね」と言い，12月24日付朝刊では，当の金丸幹事長が「安倍外相を『相当アバウトなやつだなあ』と評した」と記されている．1985年3月7日付朝刊には，「国会用語で日ごろ「アバウト」(大ざっぱ)で通る金丸自民党幹事長はじめ，与野党議員が国語の字引を手に白熱のやりとり」とあり，「アバウト」が"国会用語"で"大ざっぱ"の意であることが明示されており注目される．

(8)-③

　その1，2年後，わが息子の会話に「アバウト」が登場．1988年3月13日付夕刊経済特集で，タレントのラサール石井さんが「金に対してアバウトなこういう人間は、株にはやっぱり向かない」と語っているが，テレビやラジオでこのようなタレントの話を聞く機会が多い若者などの方が，母親よりも情報通になること，大いに納得．

　その後も，「アバウト」は，国会や国会議員の周辺で培われ，「政治をやっていると、どうしてもアバウトになる」(1991年4月26日付夕刊．稲村元長官談)，「話の内容は超アバウト」(1992年3月13日付朝刊．金丸党首と会談後の公明党幹部談．"超"に注目)など，例を拾うことができる．

(8)-④

　現在，「アバウトな」情報は敬遠され，より正確で緻密な情報が求められている．また，バブル崩壊後の国会・国政・都道府県自治においても，「アバウト」でないやり方が模索されている．しかし，性格に関しては，「心は、ミスをしかたないとあきらめるアバウトな精神（略）プレーしていて気が楽なんです」(2001年6月5日付．プロゴルファー佐藤信人氏談)に代表されるようなプラス面が，これからも評価されてゆくだろう．

3.「リベンジ」に関する史的考察と若者の言語内省

(1) はじめに

　現代日本語の特徴の一つであるとともに，問題の一つでもあるのが，"外来語の氾濫"である．"外来語の氾濫"は，つまりは，"カタカナ語の氾濫"である．学生たちは，それまでの教育の過程において，あるいは，新聞・テレビなどのマスメディアの指摘を通して，その問題をある程度認識している．しかし，自分たちの卑近な日常生活と"カタカナ語の氾濫"がどのように関わっているのかを内省したり，カタカナ語の流入から氾濫に至るプロセス（歴史）やメカニズムなどについて学ぶ機会がなかったように見受けられる．

　そこで，旧年「日本語における原語・カタカナ語受容史の研究と教材化」という研究テーマのもとに，

　　[1] 現代最も流行している，あるいは，近年目立った動きをしたカタカナ語をいくつか選ぶ
　　[2] それらの語についての"受容史"を，教師である筆者がまずミニ論文として仕上げる
　　[3] ミニ論文を，授業において学生たちに教材として配布する
　　[4] 配布されたミニ論文を学生は読み，15〜20分の時間内でコメントを書く．その際，内省・体験を十分に生かすように指導する

という試みをもった．

　個々のミニ論文は，「日本語における原語・カタカナ語受容史の研究」のコンパクト版にあたるものであるが，幸い，言語学雑誌『月刊言語』（大修館書店刊）2001年4〜12月号に発表の場を与えられた（本章第2節に収録したものがそれである）ので，その都度，活字化されたものをコピーして学生[注4]には提供することができた．一月に一回活字化されるのであるが，それぞれの授業（クラスA＝短期大学部「日本語学概説」，クラスB＝文芸学部「国語史」）の内容や進行状況によって，ミニ論文配布の時期は異なる．

　[4] の作業によって，学生たちは，現代に特徴的なカタカナ語（外来語）の日本語における受容史を学ぶとともに，自分という個人単位のカタカナ語（外

来語）受容史をみずから確認することとなる．

なお，「原語」というのは，「リベンジ」に対する「revenge」をさす．原語の形で日本語に入ってきた段階は，いまだ「外国語」としての意識が強く，日本語の文章・文脈の中でカタカナ表記された時，日本語としての生命を獲得したとみなせる．

本節の構成は，(2)で「リベンジ」に関するミニ論文を読んでの学生のコメントと内省を紹介しつつ若者におけるカタカナ語使用の社会言語学的分析をなし，(3)でミニ論文では紙幅の都合で深く触れられなかった部分やそれ以降調査を進めて判明したことなどをつけ加えて当該語のまとめとなすという形態をとっていく．

(2) ミニ論文を読んでの学生のコメントと内省
a．クラス A の場合

クラス A におけるミニ論文（本章第 2 節 (1)「リベンジ」所収．原題「「リベンジ」のリベンジ」）の配布は 2001 年 4 月 18 日である．当日出席者は 74 名で，73 名が四月に入学したばかりの一年生である．

唯一の二年生のコメントは次のようなものである．

> ①　私がリベンジをいつ知ったかは、覚［思］[注5]い出せないが、松坂くん[注6]が「リベンジ」を発言した時、新聞などでかなり反響があったのを覚えている。しかし私は、「リベンジ」を知っていた。
> 先生[注7]のコメントにもあったが、私はスポーツをやっている1人だ。確か昨年の12月部活の最終戦があった。今日、勝てば2部から1部に上がれるという大事な試合だった。しかし、敗退した。4年生[注8]にとっては最後の試合、惜しくて皆泣いていた。もちろん全員が同じ気持ちで泣いていた。そこで当時1年だった部員は、「来年必ず全勝して1部にリベンジしてみせます」と言っていたのをはっきり覚えている。その時が一番「リベンジ」が私に身近かだった瞬間でした。(I・J)[注9]

1999 年 4 月末における松坂選手の「リベンジ」発言以前に，「リベンジ」の

語を知っていたこと，体育会系の部活に所属していること，2000年12月に感動的な「リベンジ」使用に出会ったことなどが，うまくまとめられている．「その時が一番……私に身近かだった瞬間」という表現に，「リベンジ」という語のスポーツ界や若者に占める"活力"を感じとることができる．

次に一年生73名の分析に入るが，〈私が初めて、「リベンジ」という言葉を聞いたのがいつかは、全く思い出せません〉(M・A)のごとき1名を含め，コメントを記した2001年4月18日時点では，全員が「リベンジ」を知っているという結果が出ている．

時期的に最も古いのが「小学生の時」で，5名いる．

> ②小学生の時に読んだ少女マンガで、男の子にフラレてしまった女の子が、その男の子のガールフレンドのロッカーに「リベンジ」とマジックで書いていたのを見たのが最初です。まだ小学生だった私は「リベンジ」の意味がわからないため、辞書で調べた経験があり、そのマンガも結構強烈な印象を残していたのでよく記憶に残っています。(S・T)

S・Tの読んだ少女マンガの題名が明記されていないのは残念であるが，場面のみ印象的に記憶され題名など忘却のかなたにあるといったことは，よくあることである．S・Tは，「辞書で調べた」と記すが，その結果，意味を知り得たことまでも含めた表現であろう．ただ，当時（おそらく，1995年3月以前，1989年4月以降），「リベンジ」を採録している辞書は，どういう種類の辞書であったか気になるところである．たとえば，『広辞苑』（岩波書店刊）は，第五版（1998年11月刊）においても「リベンジ」を立項していないし，最も大部な『日本国語大辞典』（小学館）の第一版（「り」を含む第20巻は，昭和51年〈1976〉3月刊）も立項していない．『日本国語大辞典』第二版（「り」を含む第13巻は，2002年1月刊）に至ってはじめて，

(1) リベンジ〚名〛（英　revenge）仕返しをすること。復讐すること。＊外来語辞典（1914）〈勝屋英造〉「リヴェンジ　Revenge（英）復讐・敵討」発音〈標ア〉〽

という記述が見られる．発刊が2002年1月，松坂投手の発言と流行語大賞が

1999年であるから，市民権を得たカタカナ語として認定された上でのタイムリーな立項であろう．文献上の初出が，1914年刊の勝屋英造編『外来語辞典』となっている．1914年は，大正3年にあたり，英米とのスポーツ・軍事方面での交流から一部の人々に"知りたい""知っておけば得する"外来語の一つとされていたことがうかがわれる．一部の人々の間で，いわば業界用語的に知られていたものが，英語全面禁止の太平洋戦争（第二次世界大戦）時代を経て，徐々に復活し，そして爆発的流行をみたのが1999年ということになる．

おそらく，小学生時代のS・Tが調べたのは学習国語辞典か外来語辞典ないしカタカナ語辞典であったのであろう．

③言葉として聞いたのは、相当昔の事と思います。おそらく、小さい時に見たTVアニメが最初ではないかと思います。アニメなので、知らない言葉でもなんとなく意味が理解できていました。
言葉として見たのは小学生の頃でした。
マンガです。どのマンガか、しっかりと覚えてないのですが、"あさりちゃん"あたりだったと思います。口にした事は、今の所はないです。
ただし、歌の歌詞に"Revenge of the VIRUS"というフレーズの含まれた歌を歌った事はあります。（T・M）

T・Mの場合，耳にしたのは，小学生以前である．S・Nも，「物心ついた時には知っていました」と記す．5, 6歳ですでに知っていたということであろう．

子どもの頃から「リベンジ」を知っていたとする5人のうちの一人T・Yは，

④この①を見て私が驚いたのは18という年になってその言葉を知らない人が半数以上いたことだ。リベンジという言葉はここ2、3年で出来た言葉ではないと思う。本を10冊読んだらその中の1冊には確実にのっている事ではないかと思う。私はこれを読んで感じたのは、日本語がどうとか以前に、最近の若者は本を読まないのだろうかという事だ。本でなくてもマンガ、ビデオ、映画など他にも色々言葉を知るものはある、

> 18年生きてきて、古くて難しい言葉はともかくリベンジという意味に触れることはなかったのだろうか。

と記す．T・Yの記す①とは，本章第2節(1)全体をさし，そこに示した1999年6月9日のアンケート結果に強く反応したコメントである．「リベンジ」を知らないと答えた学生が44名（63％）にのぼったことに対して，その原因を，彼らが本を読まないからではないかと推論している．この推論の背後には，T・Yが「子供の頃から本が好きだった」「子供向けの物語文が好き」「本の7割以上がそういったもの」という環境にあった者としての確信めいたものがうかがわれるが，実は，このような思考回路は言語を社会学的に考察しようとする時にきわめて危険である．T・Yの好んだ本の内容が「リベンジ」の出やすい場面を有していたかもしれないことへの顧慮が欠けている．また，夏目漱石や樋口一葉の文学作品を好む若者にとっては，これらの本をいくら読んでも，出て来ない性格の語であることへの視点もない．そのため，「18年生きてきて」「古くて難しい言葉」ではないのに，他者が自分とは違う言語状態であるところにこそ，現代カタカナ語の含有する問題があるということに思い至ることができないでいる．

　ミニ論文を読んで短時間に書くコメントとしては，T・Yは真剣にとりくんでいると評価したい．しかし，ある語を早くから知っていることで，その語を知らない者に対する批判（さらには差別）が生まれてくる言語心理を奇しくも映し出している．このような心理過程は，社会の大小の集団で，まま起こっているのではないだろうか．

　次に，「中学生の時」と記した者が5名いる．

> ⑤私は「リベンジ」という言葉を知ったのは、中学生だったころだと思います。でも、あまり「リベンジ」という言葉を使ったことはないと思います。
> 　試合の時とか注10は「次は勝とうね」と言ってました。それはただ英語か日本語の違いだけで［はなく］なんだかちょっと意味がちがうように

感じます。
　松坂くんが「リベンジ」と言うと戦ってるなあと感じます。
　<u>「リベンジ」という言葉は力強い感じがしてスポーツとかやる人には、良い言葉だと思います</u>。でも、ケンカとかの時には使ってほしくないです。（M・Y）

⑥私が始［初］めて「リベンジ」という言葉を知ったのは、小学生か中学生の時に、『月刊少年ジャンプ』の同名のマンガを読んだ時です。作者も話の細かい部分も、はっきりとは覚えていませんが、残虐[注11]な王とその娘か何かを主人公がつかまえて、王を殺した後、その娘に、「お前は生かしておいてやる。それが私の復讐（リベンジ）なのだ」みたいなセリフがありました。なので<u>私の中で「リベンジ」という言葉は暗いイメージがあって、松坂投手が「リベンジ」と言った時も、私の中にある野球という、外側に向かっていくような明るいイメージとはかみ合わずに、とても変な気分がしました</u>。（S・K）

　M・Yはスポーツ少女であったが、「リベンジ」より「次は勝とうね」と言っていたと報告する．点線部アで，原語 Revenge の持つ「復讐」の意味と，日本語で「次は勝とうね」で言い表わすものとの違いに触れている．この点については，S・K の分析（点線部ア′）がさらに鋭い．第2節（1）-①で紹介した朝日新聞の一件も，クレームをつけた読者にとっては，外来語を軽々に使ったという点以外に，このような原語とカタカナ語のニュアンスの差異に起因する不満があった可能性がある．

　記者に対して「おしかり」という行為をとった読者の年齢層は明らかにされていないが，おそらく五十代以降ではないだろうか．若者，あるいは気分的に若者である年齢層にとって，M・YやS・Kのような初期反応があっても，そのうちM・Yの点線部イ・ウやS・Kの後半部，

⑦　でも、周囲の人々が気軽に使い出し、その年の流行語大賞にノミネートされる頃には、私の中では暗いイメージの「リベンジ」とは別の、気

3.「リベンジ」に関する史的考察と若者の言語内省　　　　89

> 軽に使える「リベンジ」がありました。

と移りゆく可能性が高く，現に，それゆえ，スポーツ新聞のみならず朝日新聞のスポーツ欄にも一年余も経てば「　」なしのリベンジが見られるようになった．

　なお，同じスポーツ少女でも，K・Nは，

> ⑧中学時代、スポーツをやっていたのでその頃試合に負けるとみんなで、「次はリベンジだー！」みたいな使い方をしていました。なので、96年の頃はもちろん知っていました。

と報告する．「96年」というのは，第2節（1）-③で言及した講談社コミック『DEAR BOYS㉑』の発刊年に反応したもので，中学二年生頃に当たると思われる．M・Yの「次は勝とうね」と同じ気持ち（気合いや希望）をこめて，「リベンジ」を使っていることがうかがわれ，所属言語集団の色合いのちがいが象徴的である．

　次は，「高校生の時」となるが，残りの61名がここに入ってくる（うち2名は，時期について触れていないが，コメント全体が「高校の時」に属すると見られる）．微細に見れば，「ごく最近」1名，「最近」5名がいるが，2001年4月入学者にとって，「ごく最近」「最近」は高校三年生後半を含むと見られる．

> ⑨　"DEAR BOYS"というマンガは読んだことはあるが、当時中1くらいだったので、気に留めることなく流してしまった（はず）ので気［記］憶にはない。しっかりと意味を覚えたのは受験のときである。
> 　私の覚えた意味は"復讐注12"。ちょっと恐い意味だと思った。その後私はスポーツ雑誌でよく見かけた。サッカーが好きなので、サッカー誌を見たとき試合でケガをし欠場している選手の練習風景の写真に"〜のリベンジは始まった"といったような言葉が書いてあった。今まで私の見てきた"リベンジ"という言葉は、人に対するものではなく、自分の失

敗に対して、無駄になってしまった時間に対してなど、自分に対して自分の"リベンジ"が多いと思う。なので「復活(起)」というような意味で使用されることが多いのではないだろうか……。(I・S)
　　　　　　　　　　　　　　　　　　　オ

　I・Sは「リベンジ」との自覚的な出会いは「受験(勉強)のとき」とする．このように，受験時に「リベンジ」の意味を知ったとする者は，他に2人いる．
　I・Sは，サッカー誌での用例を通して点線部エを導き出しているが，なかなか感性鋭い指摘である．"自分のいたらなさへのリベンジ"，それは，当然，自己努力を必要とする．努力の結晶が，"復活""復帰"であり，ある場合は，"勝利"である．このような意味連鎖をふまえて，「リベンジ」は使われている．
　I・Sは，点線部オにおいて，「復活(帰)」という意味を分岐させているが

⑩「しかえし」というマイナスな意味よりむしろ「復活」のようにプラスな意味だと思っていました。(O・M)
⑪私の中でこの言葉は、敗者復活といったイメージです。復活もただの復活ではなく、頂点に立つ。といった感じです。(S・T)

も，同意見であるし，T・Mは，「リベンジ」のファッション界におけるさらにひねった用法を紹介している．

⑫昨年から服の流行は昭和[注13]七〇年代［1970年代］や八〇年代が流行しているため、昔の洋服が復活しています。「復活」だといまいち[注14]堅いので「リベンジ」を使っているのだと思います。

　流行と流行とが闘うと想定しての擬人法から，もともと生じた表現法であろうが，I・Sたちのとらえた意味「復活」がまさにあてはまっている．ファッション雑誌のこのような用法で初めて「リベンジ」に出会った少女は，「リベンジ」に"復讐""しかえし"の意味があるなどとは，まずは想像できないであろう．外来語が原語意識を離れ，カタカナ語としての性格を有し，連想的なはずみで別の意味を生み出す過程(プロセス)が，ここに看取できる．

3. 「リベンジ」に関する史的考察と若者の言語内省　　　　　　　　　　91

　「復活」の意味の他に，「再挑戦」の意味を抽出した学生も4名いる．「再挑戦」は「復讐」「しかえし」のマイナス面を補うニュアンスをもつ．しかも，原義からはそれほど離れてはおらず，先にあげた『日本国語大辞典』第二版の語釈ブランチ②として「あることに再挑戦すること」としてもってくることができる．再挑戦の目標は「勝利」であるから，ブランチ③は，「再挑戦の結果，勝利を得ること」となり，ブランチ④が，「転じて，ある好ましい状態が復活すること」と記すことになろう．
　「再挑戦」をH・Kは，「今度こそ！」という語で表現し，K・Aは，

⑬私がこの言葉を使用した時は「しかえし」や「復しゅう」といった意味ではなく、自分に対する応援また、「次回は絶対いい記録を」といった、いきごみのために使用していた。だから、この言葉は私に頑張りや、やる気をくれるものなのでいい言葉だと思う。

と記し，「リベンジ」という語の精神的効用として，波線部を引いた「応援」「いきごみ」「頑張り」「やる気」を抽出している．T・Nの，

⑭その時私は、「リベンジ」という言葉は、人を勇気づけ、チャレンジ精神をつけるすばらしい言葉だと思った。

も同様な指摘である．
　上記のK・AやT・Nは，「リベンジ」という語を「いい言葉」「すばらしい言葉」と受けとっている．次に示すH・Sのコメントも，体育会系でなくとも部活動を経験した高校生にとって，「青春をあらわす」語の一つ[注15]であることが知られる．

⑮高校生の時、吹奏楽部に所属していて、大会で、よい結果がでなかったり、ライバル校に負けてしまった時、友だちが「次の大会はリベンジする‼」と言っていて、最初は、リベンジの意味が分からなかったのです

が、友達に意味を聞いて、うちらの為にあるような言葉だなあと思いました。その言葉をだすと、みんなとの統一感が生まれ、1つの目標に向かってがんばれる気がします。(略) 私の中で「リベンジ」という言葉は青春をあらわす1つでもある気がします。高校時代の部活の事をなつかしく感じてきます。だから私はこの言葉が大好きです!!

　高校生の時，つまり，1998年4月〜2001年3月の間に「リベンジ」を知ったという学生61名のうち，9名が第2節 (1)-①に記した1999年4月末の松坂投手の使ったことばを聞いて，初めて「リベンジ」なる語を知ったと報告している．また，2名が，その年末に「リベンジ」が流行語大賞に選ばれた時であるとしている．

⑯私もこの「リベンジ」という言葉を松坂選手が使っていたのを聞いて初めて耳にしました。スポーツ新聞やニュースで何度も耳にしたり目にしたりしているうちに「リベンジ」の意味や使い方を知りました。
そして自然と「リベンジ」という言葉を自分自身も使うようになっていました。初めは意味もまったく知らなかった言葉なのに気がつくと日常で使っていることはあらためて考えるとすごいことだなと思いました。
　　　　　　　　　　　　　　　　　　　　　　　　　　(K・K)

　松坂選手の若者への影響力とマスコミ報道の力を，K・Kのコメントは感じさせる．本人もそのことに気づいていることが，素朴な筆致に表われている．E・Yは，〈あの時すごくかっこよく見えました。〉と，松坂投手のことを記すが，そのように受け取る若者が多かったからこそ，まねをし，あやかって使う若者が増えたのである．
　〈松坂大輔が「リベンジ」という言葉を使う前から「リベンジ」は知っていました。〉と書き出したA・Kは，それゆえ，

⑰「リベンジ」は、松坂大輔が使用したことで流行語大賞にノミネートさ

3.「リベンジ」に関する史的考察と若者の言語内省　　　　　93

> れましたが、私としては、なんだか納得がいきません。松坂が自分で考えて世間に広まった語なら納得もできたのですが……。

と批判を試みる．あることばが狭いコミュニティー，あるいは，散発的なマスメディア報道で使われていても，爆発的に全国に拡がるためには，起爆剤がいる．その起爆剤が，松坂大輔という個人であったことについて，A・Kは，すぐに気づき，

> ⑱けれど、松坂のおかげで「リベンジ」という言葉がみんなに分かってもらえるようになったのだとしたら、有名人の発言力は本当にすごい力をもっていて、それが少し恐くもなりました。

と結ぶ．

　さて，2001年4月18日の時点で区切ると，短大生74名中，「リベンジ」を知らない学生は皆無である．1999年6月9日のアンケートでは，70名中44名（63%）が知らないと回答している結果と比較すると，二年間で大きな違いが生み出されている．しかし，2001年4月18日では，別の視点が必要となっている．つまり，100%の人が知っていても，その語を自らが使うかの視点である．コメントを寄せた74名中，9名が自分は使ったことがないと記し，3名が「あまり」（ほとんど）使わないと記す．これら12名は，全体から見ると16%に過ぎないが，そのうち，コメントには記す機会がなかったが，自分が「リベンジ」という語をなぜ使わないかについて考えていくと，自己の"日本語観""日本語像"の一端に触れることであろう．ただ12名の学生が全て，「リベンジ」というカタカナ語に批判的であるのではなく，

> ⑲私はまだ使ったことがない。
> 　私はすぐにあきらめてしまうところがある。
> 　「リベンジ」という言葉を使う日がいつかくるのだろうか。
> 　「リベンジ」という言葉を日々、使えるような人になりたい。

と記すS・Eもいる．S・Eの最終行は，心の中のことばとしての「リベンジ」
であり，哲学的な比喩にも見える．あきらめやすい性格を欠点としてとらえる
個人によって，将来的に人物調査書における"好きなことば"欄に，「リベンジ」
と書かれる可能性もあるのである．それを読む大人世代が「Revenge」＝「リ
ベンジ」＝復讐・しかえしという意味構造でしかとらえられないと，その個人
の人間性をさえ誤解してしまうかも知れない．流行語として流動しつつある現
代語の社会言語学的分析が，必要とされる[注16]所以である．

b. クラスBの場合

クラスBにおけるミニ論文（第2節（1）をさす）の配布は2001年5月14
日である．本授業「国語史」は文芸学部国文学科の二年生配当の必修科目であ
る．したがって，学生構成は国文学科二年生となるわけであるが，若干名の三
年生，他学科の学生で選択科目として履修した者が混じる．

当日出席者は71名で，二年生68名（うち，女47人，男21人），三年生3
名（うち，女2人，男1人）となっている．クラスAの場合と同じく，ミニ論

表 4.1

			二年生		三年生	
			女	男	女	男
	今まで知らなかった		1			
知っていた	知った時期	最　　近			1	
		高校時代 受験期（英単語を引いて）	2	1		
		高校生の時	4	3		
		1999年12月流行語大賞	3			
		1999年4月松坂発言時	12	2	1	
		松坂発言以前	15	4		1
		いつと思い出せないが前から知っていた	7	4		
		コミックス『GTO』を読んで		2		
		洋画のセリフ		1		
		中学時代	1	2		
		小学校時代	2	2		
総計 71		小計	47	21	2	1

文を読んでコメントしてもらったが,「いつリベンジという語を知ったか」ということをクラスAの場合よりも強調したため,表4.1[注17]でも知られるように,年代を細分化しやすい形となった.以下,表4.1をもとに論ずることとする.

1人だけ,〈あんまり聞きなれていなかった〉と記した者がいる.この文脈をどうとるか微妙であるが,コメント全体から,「今まで知らなかった」の方へ分類してある.クラスAの「ごく最近(知った)」1名も,時期的に微妙であるので,クラスA・Bとも,この件について大きなちがいはないと見たい.つまり,2001年春の時点では,学生を代表とする若者のほとんどが「リベンジ」を知っている.

講談社コミックス『GTO』を読んで「リベンジ」を知ったと言うのは,男子学生二人.そのうちの一人I・Y[注18]は,

> ⑳講談社コミックス『GTO』という作品の中で、イジメにあった少年に「リベンジきめるぞ」と怛[担]任の先生が言っていました。この際も復讐と書いてリベンジと読ませていたような記憶があります。

と記す.@nifty BOOKS[注19]で検索すると,『GTO』は藤沢とおる著で,講談社コミックスにおける第1巻は1997年12月刊行となっている.講談社刊の『少年マガジン』に連載されたもののコミックス版刊行でもあり,I・Yがどの巻を読んだか不明であるが,1997年4月以降ならば,高校一年時にあたろう.検索によって得た関連情報では,「元暴走族の教師おにづかが繰り広げる不良生徒更生ドラマ」「グレート・ティーチャー・オニヅカ.略してGTO.元暴走族の鬼塚英吉のはちゃめちゃな学園教師漫画」ということで,たしかに,「リベンジ」という語が出やすい場面設定がうかがわれる.

この漫画の人気——影響力の大きさから,I・Yは,松坂投手がこの語を流行させたわけではないと断じる.クラスAにおけるA・Kの意見の一部分と同趣である.

> ㉑リベンジという言葉を知ったのはたぶん海外映画の中のセリフであった

> 　と思う．
> 「これは……じゃない．これはしかえしだ」(Y・J)
> 　　　　　　　This is Revenge!

　Y・Jのコメントには洋画の題名がないので時期を特定できないが，文脈から，松坂発言以前と知られる．中学時代の可能性もあるので，中学時代と高校時代のはざまに位置させておいた．T・Kは，

> ㉒確か高校2、3年の時にテレビ欄のシネマ情報にこうありました．
> 「複［復］讐のリベンジャー・コップ」

と報告する．表4.1では，「高校生の時」―二年生―男―3人に属する一人である．T・Kの言う「復讐のリベンジャー・コップ」とY・Jの「海外映画」とは，おそらく一致しないものと考える．題目に「リベンジ」が入っていたら，Y・Jも何らかの記憶にもとづく言及が可能と思うからである．

　T・Kは，「復讐のリベンジャー・コップ」の存在を伝えているが，実は，その放映を観てはいない．その間の事情を伝えるのが，次のコメントである．

> ㉓実際その日のテレビのロードショーではその映画は見てませんし、今日まで見てません。題名の付け方からしてそのまんまなのであまり期待が持てませんでしたので、[注20]

　T・Kは，「リベンジする」を「語呂が悪く」と評してもおり，「リベンジ」を含む映画タイトルからも内容を期待できなかったらしい．実は，コメント掲出のままのタイトルは得られず，@nifty Theater[注21]で検索したところ，「リベンジ・コップ　地獄の追跡者」，原題「sweeper」(1995年アメリカ)，1996年12月5日テレビ東京放映が，それに当たると思われる．
　「sweeper」は，手元の『カレッジクラウン英和辞典』(1965年第八版，三省堂刊)を見るに，「①そうじ人，②そうじ機」の意味しかあがっていないが，動詞「sweep」に"sweep the seas of pirate ships"(海から海賊船を一掃する)の意味があるので，わが敵を一掃するというニュアンスで「The SWEEPER」

と命名されたものと推定される．主人公が警官であり，かつ，敵への復讐に燃えて行動するため，「リベンジ・コップ」という邦題がつけられたものと見られるが，1996 年 12 月 5 日テレビ放映当時（あるいは，1995 年封切り当時），「リベンジ」という語が日本においてある程度普及していないと不可能なことである．映画業界としては，1979 年イギリス制作「リベンジャー」（原題「REVENGER」）があり，1990 年アメリカ制作の「リベンジ」（原題「REVENGE」）があり，スポーツ界での「リベンジ・マッチ」もあることなので，邦題にカタカナ語「リベンジ」を用いてきたものと考えられる．

　ただ，1996 年テレビ放映時，**T・K** が高校二，三年生であったかどうか，浪人期間を含めて筆者の知るところではない．同映画が，1996 年以後，再放送されたかどうかも調査が及ばない．ここでは，**T・K** のコメントを契機に，1979〜1990 年に至る洋画界の「リベンジ」について若干の情報を得られたことを収穫としたい．

　さて，表 4.1 で注目されるのが，1999 年 4 月松坂発言および同年 12 月の流行語大賞の時に初めて知ったとする 18 人である．この数値は，全体の 25% にあたる．女子短大生クラス A の 15% を超えている．クラス A よりも一年早く生まれている学生が大勢を占めるクラス B だからこそ，若干，小・中・高校時代における「リベンジ」浸透度が低く，そのため，松坂発言や流行語大賞に大きく反応したという現象を看取することができる．流行語の浸透度に関して言えば，1 年間の差はかなり大きい．その傾向は，知ったのを「小学校時代」「中学（校）時代」とする者の人数の上にも，微細に反映されている．クラス B の 4 人・3 人に対して，クラス A は 5 人・5 人である．

㉔中学生の時（確か '94 年）「FINAL FANTASY VI」というゲームの中に「リベンジブラスト」という言葉があって，その意味を辞書で調べた時に「リベンジ」がどういう意味なのか知った．
　この「リベンジブラスト」は，敵から受けた攻撃をそのまま返す技の名称である．（**K・K**）

　K・K のコメントは，日常生活へのカタカナ語の流入の一経路として，テレ

ビゲームがあることを，あらためて思い出させてくれる．S・Jも，中学時代に「リベンジ」を知った可能性の一つとして，テレビゲームをあげている．

㉕ 「リベンジ」はよく小さい頃に、野球の試合で大敗した時に、次は「リベンジだぞ！」とコーチに言われた事があります。(Y・Y)
㉖ 「リベンジ」という語に、私が初めて会ったのは、たぶん小学校六年の時だと思う。当時、流行していて、私も大好きだった「SLAM DUNK」（スラムダンク）というバスケットのまんがを読んでいて、何度か使われていたからだ。(S・S)
㉗ 幼い頃から水泳を習っていて、体が小さかったためによく同い年の友達に負けては「次はリベンジするから！」と言っていました。(K・M)

　上記三例は，「小学校時代」に「リベンジ」を知ったとするコメントであるが，㉕からは，コーチのことばの影響力が浮上してくる．㉖の漫画『SLAM DUNK　スラムダンク』は，井上雄彦著で，集英社刊の「ジャンプ・コミックス」の一つとして，1993年に第1巻が出されている[注22]．雑誌連載はそれ以前であろうが，S・Sの小学校六年は1993年に当たっている．この漫画の愛読者なら，たしかに小学校時代に「リベンジ」に親しむことができる．
　クラスBにおいて，「リベンジ」の意味合いとして，「おかえし」「再チャレンジ」「再挑戦」「再戦」「返り咲く」「次は成功するぞ」「次は勝つ」があげられていたが，中でも「再挑戦」と記したケースが多い．クラスAのような「復活」をあげた者がいないのは興味ある事象である．クラスAの女子短大生の方が，感性的に，ことばの流動してゆく最先端をとらえているように思われる．
　最後にクラスBにおける「リベンジを使わない」割合を見てみよう．結果は表4.2のごとくである．
　表4.2を見ると，「使わない」あるいは「ほとんど使わないと思う」と記した学生が23名32%に及んでいる．短大生のクラスAでは12名16%であったことを考えると，かなりの差とみてよい．クラスBにあって「リベンジ」は理解語彙であっても，使用語彙としての率が低めであるということになる．この原因の一つとして，クラスAが18歳中心で，クラスBが19〜20歳中心

表 4.2

	女	男	計
ⅰ 使わない／ほとんど使わないと思う	18	5	23（32%）
ⅱ よく使う	16	9	25（35%）
ⅰ, ⅱ に関して言及をしていない	15	8	23（32%）
計	49	22	71

であることが考えられる．クラスAの学生は，一歳若いということで，クラスBの学生よりさらに多様化の進んだ「リベンジ」に出会い共通感覚を育てている一方，クラスBの学生は，カタカナ流行語としての「リベンジ」をやや冷めた眼でとらえられるようになっているということである．この推察の妥当性につき，クラスA学生の二〜三年後の動向を見守りたいと思う．

(3)「リベンジ」受容史再釈とまとめ

　カタカナ語「リベンジ」が，「リヴェンジ」という表記で勝屋英造編『外来語辞典』(1914年)に出ていることはすでに触れた．しかし，1990年代に至るまで目立った動きは見られなかったようである[注23]．

　目立った動きは，「リベンジ」が原語のもつ「復讐」や「仕返し」という原義を超えてさまざまなニュアンスを比喩的に添加させてゆく過程で生じて来たものと考えられる．その際，日本語の側に，「復讐」や「仕返し」とは別の語で，それらの原義を超えてさまざまなニュアンスを比喩的に添加させた語が，すでに存在し，かつかなりの程度に使いこまれていることが必要条件となる．「お返し」「王座復活」「復活をかける／期す」「再起をかける／期す」「再び挑戦」「再挑戦」がそれらの語に該当してくるが，さらに古い時代のものとして，「臥薪嘗胆」をあげたい．現在でも，スポーツ紙などでは，「リベンジ」と同じニュアンスをもって「臥薪嘗胆」の見出しがおどることがあるが，「臥薪嘗胆」が，「日清戦争後に遼東半島の領有をめぐってのいわゆる三国干渉が行なわれた際，世論の合い言葉として流行した[注24]」事実はきわめて興味深い．ロシア・ドイツ・フランスによる三国干渉は，明治28年（1895）4月に行なわれており，それが日露戦争の遠因となり，日露戦争の結果が日本軍の勝利であることを考え合わす時，現代の「リベンジ」と同じノリで「臥薪嘗胆」が使われていたこ

とを知る．今からほぼ100年ほど前のことである．

　なお，1996年――漫画『DEAR BOYS㉑』（ディアボーイズ）に「リベンジ」が使われた年――の新聞における見出し，

(2) ヘントゲン好投，お返し　メジャーの意地だ　日米野球・第4戦（同年3月）

(3) 舞の海　再起を勝ち越しで飾る（同年4月）

は，現在なら，「ヘントゲン好投，リベンジ」「舞の海　リベンジ」となりそうな例である．また，1996年1月の選挙では，先回落選した議員の当選を「復活当選」「復活議員」と表現しているが，これも現今なら「リベンジ当選」「リベンジ議員」と言いそうなところである．逆に言うと，これら従来からある日本語「お返し」「再起」「復活」とカタカナ語「リベンジ」とがニュアンス上，接近してくるのに，マスコミとしても，それに影響される日本人個々の平均的言語生活としても，あと三年ほどかかったということである．

　「お返し」（時に，「し返し」「返り咲き」）は和語であるが，「再起」「復活」「復讐」などは漢語である．和語にないニュアンスを求めていた言語環境にすんなりおさまった漢語は，そのうち知識層の文章語から庶民層の口語へと拡がりゆく．日本人にあって，漢語を奈良時代前後より受けつけており，中世末キリシタン時代より受けつけてきたカタカナ表記される外来語も，馴れは時間の問題である．その時代の人々の表現志向に合ったものとして従来の日本語に"意味的スキマ"が生じている場合，漢語やカタカナ語はスポッとそこに納まってきた．まさに「リベンジ」もそうであったのである．ただし，一般人への普及には，語ごとに遅速があり，「リベンジ」の場合，若者の多くが興味をもつスポーツ界を中心に，「チャレンジ」や「バトル」などの関連語がすでに多用される中で使われてきており，言語環境としては順風であったとみられる．そして，ラッキーな追い風となったのが，1999年の松坂選手の発言であり，流行語大賞受賞であった．

4. おわりに

　本章第3節（1）に記したような試みを平成13年度（2001年4月〜2002年

3月）に行ない，このうち，「リベンジ」と「ゲット」については，「「リベンジ」「ゲット」などに関する史的考察と若者の言語内省——日本語における原語・カタカナ語受容史の研究と教材化——」と題して，『成城学園教育研究所研究年報』第26集（2004年3月刊）に発表することができた．この論考の前半部，つまり「リベンジ」に関する部分を本書の本章第3節として収録し，外来語研究の一事例を示すこととしたのである．若者が外来語（カタカナ語）を，どのような意識（深層心理を含めて）やノリで使用し，それらが外から見た時に，いかにして「若者語」「流行語」の様相を呈するかについては，今後も深めていきたいと考えている．

注1　本章第2節の「(1) リベンジ」「(2) ゲット」「(3) ターミナル」「(4) スピリッツとスピリット」「(5) ミレニアム」「(6) メモリー」「(7) キャラクターとキャラ」「(8) アバウト」は，それぞれ，大修館書店刊『月刊言語』2001年4～11月号に連載した小林千草「いまどきのカタカナ語　起承転結」を再録したものである．ただし，初出時は，縦書きで「、」「。」使用であった．
　　なお，初出時のタイトル末尾「起承転結」は，小段区切りに㉄㊿㋢㋷を用いたためであるが，漢詩でいう「起承転結」ほどの表現的緻密性はない．本章では，「(1)-①」「(1)-②」「(1)-③」「(1)-④」のように示す．

注2　執筆時点での，年数計算である．

注3　「スピリッツとスピリット」の項目は，本書第1章第2節の基となった論文（第1章注21所掲）をアウトライン化した性格をもつので，論旨に共通性がある．

注4　「学生」は，当時の筆者の勤務先である成城大学短期大学部および兼担していた成城大学文芸学部の学生をさす．

注5　学生のコメントは，制限時間内の一回きりの書きつけであり，推敲が出来ていない．したがって，誤字・誤脱，まれに書きさしがあり，それらは，今，[ ] 内にて，正しいものを補なう．

注6　クラスA 74名中，松坂大輔投手に言及したのは18名で，その呼称も，「～投手」「～選手」が多い中で，「～くん」は，この1例と⑤のみである．I・Jや⑤のM・Yは，松坂投手と同世代意識を親しくもっているようである．

注7　改行を1字さげしない学生が多い．指導すべき事項であるが，本章の引用では，原形態をすなおに反映させておく．

注8　成城大学・同短期大学部は，学部学生と短大生と部活動を共通に行なっている．

注9　データ処理上，典拠とし，コメントをした学生のイニシャルを表示する．中には，別人であってもイニシャルが一致する学生もいるし，別件で別箇所を引用した結果，二ヶ所以上に引用された学生も稀に混じる．

注10　M・Yは一コメント中，3例の「とか」を用いており，大人世代からは"よくない若者語"として批判の対象となる「とか弁」の一人である．

　　　日常会話では流れゆき相手の脳裏にはそれほどとどまらないが，文字で書いたものは読み返されるので，乱用の「とか」はやはり気になるところである．書きことばでは，「など」に変える工夫を試みれば，それほど目ざわり（耳ざわり）ではなくなる．指導をしたい点の一つである．

注11　原文，「残虐」の「虐」の字の「ㅌ」を「ヨ」と書き誤っている．しかし，のちの「復讐」の漢字表記も含めて，漢字能力の高そうな学生である．

注12　原文，「讐」の字の「言」を，「日」と書き誤っている．

注13　「70年代」という語を見聞きすると，昭和に70年のないことを熟知する世代は，すぐ「1970年代」の略記であることに気づくが，学生たちは，そうではないらしい．「平成」の前は「昭和」だという意識が強く出たための誤解である．

注14　「いまいち」という口頭語を，書きことばに流用する学生は多い．メール文体の普及もあり，口語と書きことばで使い分けのある副詞（いまいち――いまひとつ）や接続詞（あと――それから・そして・なお・また）が混乱している現状にある．

注15　①において，「その時が……瞬間でした」と記したI・Jにおいても，「リベンジ」という語は，「青春をあらわす」語の一つとなっているにちがいない．

注16　ただし，このような分析が，マスコミ世界にフィードバックされる機会は，今のところ，ほとんど期待できない．TVでは，面白おかしくカタカナ語の氾濫を映像として流すのみで，氾濫の中で，ことばが意味変化し，使う人々の心理に及ぼす影響など社会言語学的・言語文化学的視点が欠如している．残念なことである．

注17　表4.1で，女子学生を先に示してあるのは，先述したクラスA――女子短大生と比較しやすいように考慮したものである．

注18　男子学生は，イニシャルを太字（ボールド体）にして区別する．

注19　2008年3月31日でサービスを終了．（初校時の補注）

注20　本来なら，文の終止としての「。」が来るべきところに，「、」を打つ表記をする学生が，最近，目につく．話しことばの調子で書いていくから，文のおわりも，一つの息つぎ，間あいにしか意識されていないのだろうか．あるいは，はっきり，一文として言いおさめることに躊躇した結果，あいまいな，"文のあとの「、」"になるのだろうか．しばらく，様子を観察してゆきたい．

注21　2009年5月現在は@nifty映画．（初校時の補注）

注22　これも@nifty BOOKSによる検索である．

注23　朝日新聞・読売新聞・毎日新聞などのデータベースを検索．検索にあたっては，成城大学図書館レファランス係の方々に大変お世話になった．心より感謝申しあげたい．

注24　『日本国語大辞典』(第二版) 参照．

第5章
日常生活の中の外来語

1. 外来語の現状を知るための資料

　外来語の現状を知るための身近な資料として，新聞がある．その日一日の朝刊一部であっても，政治社会面・経済面・国際面・スポーツ面・読書文化面・事件（三面記事）・広告欄・テレビ番組欄で，色合いの異なる外来語が観察できるし，社説や投書欄であれば一月や一年単位の長期調査が可能である．

　また，ファッション雑誌や通販カタログより，外来語を観察することも可能であるし，漫画・コミックでの使用状態を調査することも面白いとりくみであろう．

　現に，これらに取り組んでレポートや卒業論文を書く学生たちもいる．

　本章では，新聞・雑誌よりも，さらに日常生活に密着した物から，外来語の現状を探ろうと思う．材料は，どこの家庭にでも台所に行けばお目にかかれるものばかりである．

2. 洋の香りのする物より

(1) リンゴジュースのパッケージより

　どちらが正面を向いて陳列されても大丈夫なように，A面とB面とは同じデザインになっている（図5.1）．そのA（B）面には，

①アップル100％
　Home made taste
　ホームメイド
　　テイスト
②濃縮還元　アップル100
③　　混濁タイプ
　果汁100％

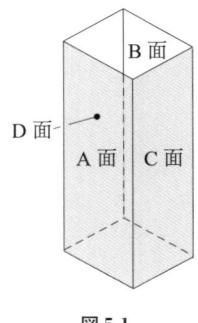

図5.1

と，記されている．①はA（B）面以外に，屋根の部分にも印字されているので，用例数としては，各面につき2倍となる．

　一個のままのりんごと1/2に切られ切断面をこちらに向けたりんごがカラー写真となっているから，カタカナの読める幼稚園児～小学校一年生ぐらいならば，りんご＝アップルという認識は可能となる．さすが「Home made taste」という英語表記は，中学一年生ぐらいにならないと読めないかもしれないが，併記された「ホームメイド　テイスト」により，上の英語表記とのイコール認識も生まれ，「ホームメイド」と「テイスト」という外来語をTVの料理番組やグルメ番組で耳にしていたら，この全体の意味もわかるものとなる．

　C面にある外来語は，①および，品名としての「りんごジュース」，原材料名の内訳としての「酸化防止剤（ビタミンC）」，連絡先としての「お客様センター」，そして，製造者・販売者・連絡先としての「日本ミルクコミュニティ」という社名（3回），および容器そのものの回収（リサイクル）に関する情報である「紙パック」[注1]である．この面にある語は社名が含まれる「コミュニティ」を除けば，言い換えのききにくい[注2]基本的カタカナ語である．

　D面にある外来語は，①の他に，次のようなものである．

④毎日の食卓に100％果汁をプラスして
　　バランスの良い食生活を心がけましょう．
⑤コクのある混濁りんごと
　　すっきりとしたクリアりんごをブレンドした

マイルドなおいしさの100％果汁です。
⑥栄養成分200 ml（約コップ1杯）当たり

エネルギー	96 kcal
たんぱく質	0.2 g
脂質	0 g
炭水化物	23.8 g
ナトリウム	4.6 mg

　「％」「ml」「kcal」「g」「mg」も，声に出せば，「パーセント」「ミリリットル」「キロカロリー」「グラム」「ミリグラム」という外来語になるが，これは数量単位の国際的記号として，再確認するにとどめたい．

　C面には，「本品についてお気づきの点がありましたら（略）までご連絡ください」「（略）早めにお飲みください」「あけくちをしっかり押さえてよく振ってからお飲みください」という消費者に対する三つの依頼事項があったが，これは商品管理上の責任履行にからむもので，商品そのもののアピール[注3]は，このD面に凝縮されている．アピールは，「お願い」とはちがうので，「心がけてください」ではなく「心がけましょう」という呼びかけ，誘いになっている．この親しく消費者に語りかけられた文章にこそ，日常生活にかぎりなく近いものが想定されており，この部分における外来語（カタカナ語）の状態は，私たちの日常生活の"映し"ともなっているはずである．⑥の「エネルギー」や「ナトリウム」を日常生活の中でことばとして発するのは限られた場面であるが，④⑤のうち，「クリアりんご」以外は，筆者はことばとして発している．

　ジューサーでジュースにしなくとも，大根おろしで"する"という手段を用いると，"すりりんご"が出来る．これをガーゼで絞って"りんごのしぼり汁"を得る．家庭で得られる"りんごのしぼり汁"は，「混濁」と「クリア」のちょうど中間ぐらいであったと記憶するが[注4]，⑤の書き方を見ると，「コクのある混濁りんご」と「すっきりとしたクリアりんご」は，もともとりんごの種類が異なるのであろうか．いずれしぼり汁としては「混濁」「クリア」（"透明感のある"という意味であろう）という二種類を得たのち，この二種類を合わせることにより，「マイルドなおいしさ」を確保したとアピールしていることになる．

英語に「clear water」(澄んだ水)「clear soup」(すましスープ，コンソメ)があり，自動詞としての「clear」に「〈液体が〉澄む」があるので，「clear juice」は英語としても可能で，「clear apple juice」も問題はないであろう．しかし，「クリアりんご」は合成和製英語と見なせる．"絞ったらクリア　ジュースの得られるりんご"の意で造語されたものであろう．この会社での宣伝のための造語か，りんご加工業会，あるいはりんご農家をも含めた共有の造語か調べが及ばないが，少なくとも一般語ではない．

「ブレンド」を『広辞苑』(第五版)で引くと，

> ⑦ブレンド［blend］ウィスキー・コーヒー・タバコなどで、味や香りをよくするために品種の異なるものを適当に配合すること。また、配合したもの。

と説明されている．『日本国語大辞典』(第二版)でも，「酒、コーヒー、タバコ」の三種があげられた上で「混ぜあわせること」という和語出自の動詞がキーワードとして収まっている．そして，

> ⑧樽からだした原酒で何もまぜてないんや。ブレンドしてない。(1965～1967年　開高健『青い月曜日』)

の例があがっているが，これは酒に関する用例である．筆者は酒もタバコもたしなまないので，コーヒーに関する「ブレンド」がまず脳裏に浮かぶ[注5]．喫茶店のメニューでも，手頃な値段ということで，「ブレンド　コーヒー」を選ぶことが多い．

ただし，『ジーニアス和英辞典』を引くと，「当店特製の（コーヒーの）ブレンド」は「our special blends (of coffee)」でよいが，「ブレンド　ウイスキー」「ブレンド　コーヒー」は，「blended whiskey」「blended coffee」の形をとっている．ここに，日英の違いが出ている．

なお，『ジーニアス和英辞典』も『ジーニアス英和大辞典』も，「調整する」の語を使っているが，他に「調合する」も考えられる．「混ぜ合わせる」とい

う和語以外は，全て漢語である．しかし，「ブレンド」という動詞の普及も根強く，『ジーニアス英和大辞典』も「blend」の語釈に，

> ⑨〈茶・酒・タバコなど〉を（ブレンドして）作る，調整する．

のごとく，「ブレンド」というカタカナ語がすでに用いられていることは，その証拠となる[注6]．

「マイルドなおいしさ」の「マイルド」を筆者が英単語ではなく，いわば生活語として意識にとどめたのは，日本専売公社が昭和52年（1977）6月1日[注7]に発売したタバコの銘柄「マイルドセブン」である．タールやニコチンがおさえられた"やわらかな口あたり"のタバコだと解釈した．この命名は，タバコの健康被害が大きな問題となり警告表示も要求される現在でも，消費者に受け入れられる形となっており，2007年7月2日には，マイルドセブン発売30周年製品として，「マイルドセブン・アクア・メンソール・スーパーライト・ボックス」が発売されるほどの売れ筋銘柄だそうである．

太宰治（1909-1948）の『斜陽』（1947年）に，

> ⑩けれども，編んでいるうちに，私は，この淡い牡丹色の毛糸と，灰色の雨空と，一つに溶け合って，なんとも言えないくらい柔（やわら）かくてマイルドな色調を作り出している事に気がついた．私は知らなかったのだ．コスチウムは，空の色との調和を考えなければならぬものだという大事なことを知らなかったのだ． （角川文庫53～54頁）

と使われている[注8]のだから，戦後には知識層にはある程度浸透した表現と思われるが，商品名「マイルドセブン」までには，あと三十年の時間が必要であった．

現在マイルドは，酒・タバコ・コーヒーなどの飲み物はもとより，TVの料理番組・グルメ番組において，味をほめる際のキーワードの一つとなっている．たしかに『ジーニアス英和大辞典』には，「まろやかな味の」の説明のもとに，

⑪ Chives are a member of the onion family, but much milder.（チャイブはタマネギの仲間であるが，味はずっとマイルドである.）

という例文を示している．そして，注目すべきは，例文に添えられた訳文中に，日本語のおきかえはなく「マイルド」というカタカナ語がその役目をになっていることである．もはや，言い換えのきかないカタカナ語へと成長していることになる.

なお，『ジーニアス英和大辞典』の同項は，「〈タバコが〉軽い，マイルドな」の反対語として「strong」をあげ，英国でという注意書きをつけて，「〈ビールなどが〉口当りのよい，甘口の」の反対語として「bitter」をあげている．口あたりや味に関して「ストロング」「ビター」も時おり目にし耳にもするが，「マイルド」の比ではない.

英語の「mild」は，「〈人・性質・態度が〉やさしい，温和な；おとなしい（◆生来の温和さをいう；意識的なやさしさを強調する場合は gentle」（『ジーニアス英和大辞典』）を，原義とするが，このような用法は，カタカナ語「マイルド」では育たなかったようである.

次に，④の「プラス」と「バランス」について考察を加えよう．まず，「プラス」であるが，数学上の"ある数（量）にある数（量）を加え足すこと"という意味の発展したものとして，すでに，森鷗外の『青年』(1910〜1911年)に「一旦出して置いて，改めてプラス幾らかの要求をするというのは古い手である。」（一〇）が見出せるが，「プラスする」という動詞性の表現は，1930年前後から見られるようである.

⑫女の幸福を抹殺して男の幸福にプラスしても（北村兼子『怪貞操』1927年）

⑬丸い猫と豚とをプラスしたやうな看守の巡査が（サトウハチロー『浅草』留置場の幽霊・A　1931年）

英語では，『ジーニアス英和大辞典』をもとにすると，前置詞として接続詞

的に「Two *plus* five is [equals] seven.」「This bill, *plus* all the others, amounts to 400 dollars.」を用い，略式の言い方として「The job needs intelligence *plus* charm.」(その仕事には知性と人柄を兼ね備えることが必要である．) と用いられる．また，副詞として，「その上」(besides)「しかも」の用法もある．形容詞としての「a mark of B *plus*」(B の上の評点)「2,000,000-*plus* cars」(200万台以上の車) という用法もある．しかし，日本語におけるような動詞性の「プラスする」はないので，1930 年前後の作品に見られてくる「プラスする」という言い方は，日本的用法——和製英語的と言えるのではないだろうか．

名詞としての「plus」について，『ジーニアス英和大辞典』は，「1 plus sign.」「2 正数，正量；足し算，加法．」について，

> ⑭ 3 《略式》(好ましい) 添え物，特質，利点；利益，剰余，《◆ (1) 日本語の「プラス」「マイナス」は advantage, disadvantage で表せることが多い．(2) この「良質」というイメージから会社名でよく用いられる：》

と記している．《 》内の (1) に点線を付したが，これは，カタカナ語「プラス」「マイナス」と英語の用法の相違を指摘したもので重要である[注9]．打算に満ちた新青年の行動とその挫折を描いて評判となった石川達三 (1905-1985) の『青春の蹉跌』(1968 年) には，

> ⑮彼に会うことは自分にとって、マイナスにはなってもプラスになることは無いだろうと思った。(四)
> ⑯大橋登美子と別れることも彼の人生計画の一部だった。(あの女はおれの人生のプラスにはならない)……プラスにならないものを切捨てる勇気と決断とが必要だった。(四)
> ⑰生涯のプラスを捨てて生涯のマイナスを取る馬鹿はないのだ。(八)

のように，打算的に人生を考える主人公の心理に見合う「プラス」「マイナス」の語が集中するが，⑮⑯の「プラスになる」という表記も『青春の蹉跌』が毎日新聞に連載された 1968 年 (昭和 43) 頃，目に見えて使われ出したものと推

測される.

④の「プラスして」という言い方は，現在，料理番組・グルメ番組において，素材を新たに加え，あるいは，調味料をさらに加える時に多用されているし，家庭というレベルでも大いに使われている．その意味では，「バランス」も同じであるが，こちらの方は，食生活のみならず精神・心理レベルや運動・スポーツレベルや社会体勢レベルでも日常的に聞くことができる．『日本国語大辞典』（第二版）には，1935年の福田清人の『脱出』の例，1937年の岡本かの子の『母子叙情』の例が早い例としてあがっているが，CD-ROM版「新潮文庫の100冊」で検索すると，1954年（昭和29）刊の福永武彦『草の花』に，

> ⑱「考えたまえ，精神のバランスが取れていなけりゃ，身体の方にだって毒だぜ．」

があり，1985年（昭和60）刊の村上春樹『世界の終りとハードボイルド・ワンダーランド』には，16例もの「バランス」が小説の展開にしたがって用いられている．2007年の現代，人間がこの地球上に生存していく上でも，あらゆる分野での「バランス」が必要とされている．『ジーニアス英和大辞典』は，「balance」という名詞の第5番目に「（重量・勢力などの）均衡，つり合い，バランス；」を，第6番目に「（からだの）安定，平衡；（心の）落着き，平静；（美的な）調和」という訳をあげているが，漢語「均衡」，和語「つり合い」と同じ位置にカタカナ語「バランス」が出てきているところに，現在の「バランス」の実状が反映されている．

⑥の「紙コップ」の「コップ」については，第2章の表2.1⑲を参照されたい．「コップ」がオランダ語の「kop」に由来し，「カップ」が取っ手があって暖かい飲み物を入れることもできるのに対し，「グラス」形態のものをさすことも，そこで知られる．「紙コップ」は，まさに紙で造ったグラス状の容器である．「紙カップ」とは言われない．逆に，取っ手のついた計量用の容器は「計量カップ」と呼ばれる．パイレックスなどの耐熱ガラスの計量容器も，アルミやステンレス製のものに準じて「計量カップ」と呼ばれている．

「エネルギー」も「ナトリウム」も，小学校高学年になると理科などで習う

概念であり，ことばである．

(2) ドーナツのパッケージより

5個入りドーナツのパッケージは，透明の袋状のもので，表面であるA面と，裏面であるB面とから成る．A面には，

> ⑲ FASHION CAKE **DOUGHNUTS**

の三語が縦組と横組で二箇所印字され，その空間をし̇き̇る̇形で「ファッションケーキ／ドーナツ」と書かれている．メーカー名（第一パン），「5コ入」の他に，

> ⑳手づくりの味をそのままに、／サックリソフトな食感が／自慢のドーナツです。（／は改行を表わす）

と記されている．

カタカナ語の改行状態から見て，「ファッションケーキ」と「ドーナツ」は同格である．「ファッションケーキ」は耳なれない語である．「流行の」（はやりの）という意味合いでのネーミングであろうか．「ドーナツ」そのものは，1930年刊の『アルス新語辞典』（桃井鶴夫）に「ドーナツ　英 dough-nut　西洋菓子の一種、生パンを豚脂で揚げたもの」とあり，1943年刊の永井龍男『手袋のかたっぽ』に「中にカステラやワップルや、ドーナツ」と出ている[注10]．手元のカードでは，1969年（昭和44）刊の新田次郎『孤高の人』（新潮文庫）に，

> ㉑彼は懐中電灯の光で布団をたたみ、身ごしらえをすると、魔法瓶の湯でド̲ー̲ナ̲ツ̲とチーズを食べて外へ出た。（第二章　展望　509頁）

があり，『日本国語大辞典』（第二版）に立項・言及のない「ドーナツ型」（ドーナツのように真ん中が空洞になっている形状）も，曽野綾子『太郎物語』，沢木耕太郎『一瞬の夏』に出ているから，昭和40～50年代に，一般市民の食

生活の中へドーナツは深く浸透していったとみなせる．

『アルス新語辞典』は1930年（昭和5）の刊行であるが，1945年終戦後日本へ進駐したアメリカ軍の家族たちから，ホームメイド菓子としてのドーナツは広まった可能性も高い．もちろん，英語の文学作品であるマーク・トウェーン（1835-1910）の『トム・ソーヤーの冒険』，オー・ヘンリー（1862-1910）の『警官と讃美歌』[注11]に親しんだ明治期の知識人や洋行した経験のある人たちは，「ドーナツ」の語を知っていたと思われる．

⑳の「サックリソフトな」は，カタカナ表記の連続により，擬声擬態語「サックリ」と外来語「ソフト」とが一語のような印象を与え，「サックリとして，かつソフトな口あたり」であることをうまく伝えている．他にも広く「サックリソフト」が使われているようなら，合成和製英語の登場である．「ソフト」という語そのものは，『日本国語大辞典』（第二版）において"手ざわりや，それから受ける印象がやわらかなさま"として，1913年発表の北原白秋『桐の花』の

　　私の新しいデリケエトな素朴でソフトな官能の余韻は

が，初出としてあげられている．ただし，これは"食感"に関するものではない．アルコール分を含まない飲物を，「ソフト・ドリンク」（soft drink）と言い，ふんわりとやわらかいアイスクリームを，「ソフト・アイスクリーム」（soft ice cream）または「ソフト・クリーム」（soft cream）と言う原語があるので，それを日本的に応用したものであろうか．たしかに，『ジーニアス英和大辞典』の「soft」項の形容詞第9には，

㉒ 9a（φ比較）［限定］〈飲物が〉アルコール分を含まない．b〈食物が〉味の薄い（bland）；口あたりのよい，ぴりっとしない．c〈食物が〉消化のいい．

があるが，bの「味の薄い」はある食品においてはマイナスイメージであり，辛くもしょっぱくもないという意味での「口あたりのよい」であるなら積極的なプラス評価にはなりにくい．まして，「口あたり」「口あたりのよい」を『ジーニアス和英辞典』で引くと，

> ㉓くちあたり【口当たり】
>   ◇口当たりのよい
>   tasty
>   palatable《正式》味のよい，口に合う
>   taste nice [good] ‖この酒は口当たりがよい　This sake tastes nice [good].

のごとくで，「soft」は出ないし，「ソフトな」と同じ感覚で用いられる「まろやかな」を引いても，

> ㉔ mild　まろやかな味の，〈タバコが〉軽い
>   smooth/smúːð/〈飲食物が〉口当たりのよい，柔らかい
>   mellow《正式》〈酒・チーズが〉芳醇な，まろやか‖まろやかな口当たりの古酒　an aged sake with mellow taste
>   aged〈酒・チーズなどが〉熟成した，まろやかになった
>   ▶味のまろやかなワイン　a round wine

のごとく，「soft」の登場はない．英語の「soft」が和風化した証拠を，ここに見出すことが出来る．

当該食品の裏面（B面）には，バーコードの一環として「ファッションケーキ／ドーナツ（5）」とあり，名称「ドーナツ」，原材料名の中に「コーンスターチ」「着色料（ビタミン B_2，アナトー）」「酸化防止剤（ビタミン E）」が，「第一パンホームページ」として「http://www」以下の表示が，保管温度表示としての「℃」が，「お客様相談室」に「フリーダイヤル」という語が見られる．

最後の「フリーダイヤル」につき，『広辞苑』（第五版）は，

> ㉕フリー−ダイヤル
>   （和製語 free dial）受信者が料金を払う NTT の電話サービスの称。専用の電話番号が与えられ，この番号宛ての電話の料金は着信払いとなる。

> 1985年から開始。

と記し，和製英語であることが明らかである．

3. 和の香りのする物より

(1) 米のパッケージより

「和の香りのする物」の代表として，日本人の主食である「米」の袋をとりあげる．

米は5kg入りと言えどかさが出るので表面（A面），裏面（B面）以外に，左右の横面が印刷可能である．左右の横面の文字を示すと，「coop　無洗米　岩手米あきたこまち5kg」が横書きされている．

表面（A面）の外来語は，商標の一つである「coop」「コープ」，産地を示す「JA花巻」などの語をのぞくと，「産地メモ」の「メモ」，「カントリーエレベーター」というJA独自の米貯蔵庫を示す語のみである．

裏面（B面）の外来語は，販売者名の「ユーコープ」や「5kg」「100％」をのぞくと，「配送センター」「ホームページ　http://www～」「🔁PE（ポリエチレン）」というゴミの種別が左半面に出る．もう一つ，「製造元」として精米所をさすと思われる会社名・住所・電話番号の横にロゴと説明文が見られる．ロゴには，「QUALITY」「TASTY」という英語表記が出るが，ともに「品質」「食味」という日本語（漢語）と共存しており，ここに注目した消費者にも理解可能である．説明文の「精米工場品質システム」「クリアしています」のうち，「クリアする」という語は，近年，あらゆる場で使われている．「基準を満たす」という意味だけでなく，そうすることによってもたらされる「品質の高さ」を積極的にアピールできるプラス要素をもち，消費者に安心感をいだかせる語となっている．

B面右半分には，「おいしい無洗米の炊き方」というコーナーがあり，「お米1カップに対し，／水は1.2～1.3カップ」「計量カップ」のごとく，「カップ」が使われている．「上手なお米の保存方法」のコーナーもあるが，一切外来語は使われていない．

(2) そうめんのパッケージより

　米と並んで日本人の主食として人気があるのは，小麦粉の加工品であるそうめんである．夏の昼食としては，米をぬくこともある．そうめんは小さな束3輪を二段重ねにされることが多いので，コンパクトながら横幅が出る．今手元にある「手延素麺　揖保乃糸(いぼのいと)」の場合，左横には，「ホームページ」「エネルギー」「ナトリウム」「g」「kcal」「mg」が，右横には「プラ」「紙／把テープ」が見られる．商品の情報として必要最小限のものにとどめられている．

　表面（A面）には，先に示した商標名の下に「300 g 入」とあり，外来語は，この「g」だけである．裏面（B面）には，「調理方法」のコラムに，「100 グラム」「水1リットル」が出，内容量表示に「300 g」があるほかは，「お客様相談室」の「フリーダイヤル」という和製英語のみである．

　ところが，そうめんを二段にしきる原紙に「揖保乃糸おすすめ recipe」として，「温たまそうめん」の作り方が印刷されている．本文には，「1人分約 385 kcal」「5 mm 幅に」という基本的情報に関わる外来語しか出ていないが，青・オレンジ・赤・緑でカラー配色された「recipe」（ラテン語 recipere〈受け取る〉の命令形．レシピ，調理法）が印象的である．「おすすめ調理例」では平凡であると考えたメーカーの工夫のあとが，この「recipe」と見られる．

(3) 干ししいたけのパッケージより

　日本的な食材で，かつ，調味料としても欠かせぬ「干ししいたけ」のパッケージは，こんもりと中ぶくらかではあるが，左右横にはまちがとられず，表面（A面），裏面（B面）に印刷がある．

　まず表面（A面）には，「coop」「130 g」「小粒どんこ」とある．「小粒どんこ」の右脇に小活字で「肉厚で，食べごろサイズ」と印字されている．「肉厚で，食べごろの大きさ」と言えないこともないが，わざわざ「小粒」と銘打っているのであるから，誤解をまねかない「サイズ」の方が選ばれたのであろう．

　裏面（B面）には，「乾しいたけのもどし方」コーナーがあり，そこに「もどし汁にはよいだしが出ます．すまし汁，みそ汁，スープなどにお使いください．」「45℃」「しいたけを水につけ，ラップをかけて電子レンジで加熱します．」「500 W の場合」「電子レンジでもどすと／食感がそこなわれる／ことがありま

す.」などの外来語が見られるが,これらも必要最少限度の情報としてのものである.このほか,ゴミの分別の際の情報として「外袋：ポリプロピレン／トレイ：ポリスチレン」があり,「ご注意」として「電子レンジに入れないでください」,「配送センター」の案内が記されている.これら全ては,消費者への必要最小限度の情報としての外来語である.

(4) 和風おつまみのパッケージより

大人から子どもまで楽しめるおつまみとして,「さきいか」をとりあげる.表面（A面）には,「天然旨味」(「てんねんうまあじ」とイラスト化されるルビ付),「手焼き昆布醤油さきいか」「北海道近海で獲れた新鮮な真いかを昆布、かつお、しいたけの／独自配合のだしと昆布醤油で味付けしました」「化学調味料／合成保存料／人工甘味料／は使用しておりません」とあり,全て外来語は使われていない.

裏面（B面）の目につくところにある「天然旨味／手焼き昆布醤油さきいか」の売りをアピールした部分や「生産者の〇〇氏の紹介」の部分には,外来語はなく,その下部にある「栄養分析表」の「g」「kcal」「mg」「エネルギー」「ナトリウム」や保管に関する注意事項の「10℃以下」,ゴミ分別に関する「プラ」「トレー」,そして,「フリーダイヤル」は,必要最小限度の外来語使用と言える.

ところが,最上部に,

> ㉖福楽得／fukurakutoku／QUALITY FOODS SUPPLY／お客様の「笑
>   (1)
> 顔」のために／美味しく、安全で、真心のこもった製品をご提供致しま
>   (2)
> す

と,囲み記事扱いの部分がある.「福楽得」というのは,製造メーカーの名前でもあるが,下線部（1）の英語は下線部（2）の日本文を具現した表現とみなせる.「We supply quality foods」の意味で,名詞的に表現したつもりであろうか.これもメーカー側の,消費者の心を魅きつける努力の跡とみなしておこう.誤用とするにしのびない.和風の食品を売るのだから,できるだけカタカナ語は避けてという思いが,この一点で無になるのではなく,㉖は会社全体の

モットーとするものを表示している部分なのだとみなしておきたい．

4．おわりに

　「リンゴジュース」や「ドーナツ」のパッケージは，「ジュース」「ドーナツ」という洋の要素を大きく含むが故に，外来語の登場も自然な流れとみなされるが，「米」「そうめん」「干ししいたけ」「さきいか」などの日本的なものでは，製造元表示，栄養成分表示，ゴミ分別記号や消費者よりの苦情受けつけ窓口表示など，不可欠な要素での必要最小限の外来語にとどまっていることが，把握できた．

　逆に言うと，洋風菓子の分野や，洋服に関するファッション雑誌・広告において，外来語が汎濫している現状も，その対極として想像しうる．

　これらのメッセージを送る側も，受け取る側も，その商品を正しく消費者に伝えるために必要最小限度の外来語であるかどうかのチェックをするとともに，不必要な外来語を，では，どのような日本語におきかえたら，同じことが伝えられるのかを考える時間をもつことが，大切である．

　日常生活のもっとも卑近な場で不要な外来語をくいとめるためには，台所やリビングからの外国語・外来語チェックが効果的だと考えている．

注1　注ぎくちの逆の面に，「PURE-PAK®」というパック製造会社の商標（ロゴ），その下に「NIPPON PAPER-PAK」が印字されている．
注2　「リンゴジュース」を「りんごしぼり汁」とすると，「生しぼり」のイメージを与えるので，還元方式の商品には使えない．「お客様センター」を「お客様窓口」とすることも可能であるが，センターの方が組織的で頼りがいがある．「紙パック」を「紙容器」とすると，紙の菓子折り（箱）もあり，現況の形状のものを連想させるには，「紙パック」の方が効果的である．
注3　この「アピール」は，本義的な使用である．
注4　筆者がわが子の離乳食としてりんごを手でしぼったのは，1970年代である．
注5　新潮文庫の女流作家の作品より，コーヒーの「ブレンド」の例をあげる．
　○このコーヒーはどんなブレンドなのか．それとも，モカだけなのか，いずれにせよ，インスタント・コーヒーを安もののコーヒー茶碗（これもタッスという奴か！）に入れて飲む，というのは衰弱したやり方なのだ．（曽野綾子『太郎物語』6）
　○コーヒーは，ブレンドしたものが二〇〇円でおかわり自由．竜涎香や丁字、肉桂を加え

たトルコ風が二〇〇円。カフェ・デミタスが一〇〇円。林檎、洋梨、コニャックを使ったカフェ・ア・ラ・リュスが二五〇円。カフェ・グロリア、二〇〇円。（倉橋由美子『聖少女』I）

注6　英和辞典における，和訳としてのカタカナ語に注目して，カタカナ語の現状を把握するのも，有効かつ重要なアプローチだと考える．大学生はもとより，中学生・高校生でもとりくむことができよう．

注7　日本たばこ産業（JT）ホームページ「JT delight world」による．

注8　『日本国語大辞典』（第二版）にすでに引用されている．

注9　本書の第3章第4節において，かぎりなく日本的な使われ方としての「プラス」「マイナス」に言及している．

注10　『日本国語大辞典』（第二版）参照．

注11　CD-ROM 版「新潮文庫の 100 冊」検索に拠る．

第6章
外来語の「現在」
——インターネット語の急増

1. 国政としての「外来語問題」

　外来語氾濫の危機感を察知して，国立国語研究所は，「外来語」言い換え提案を，第1回（平成15年4月），第2回（平成15年11月），第3回（平成16年10月），第4回（平成18年3月）の4回に分けて発表し，のち，総集編として4回分をまとめ直したものを，インターネット上でも配信していた．現在，それらは，国立国語研究所「外来語」委員会編『外来語言い換え手引き——分かりやすく伝える』（ぎょうせい刊）として，単行本化されている．

　平成15年4月の第1回提案に先立つ平成14年11月に，文化庁文化部国語課は，「平成14年度　国語に関する世論調査」を実施し，その問16～18を「カタカナ語」（外来語）にあてている．2003（平成15）年6月30日に発行された『世論調査報告書　日本人の国語力』（国立印刷局）を基に，問のもつ意味とその調査結果をしばし観察することにしよう．

　「外来語や外国語などのカタカナ語の使用状況についての意識」を問うたのが，図6.1上部の「問16」であり，下部のグラフがその調査結果である．

　『調査書』は，

> <u>カタカナ語を使っている場合が多いと感じることが「よくある」と答えた人の割合が56.6%，「たまにはある」と答えた人の割合が29.5%で，両方を合わせた「ある（計）」は86.2%と9割近くを占める。</u>
> A

第6章 外来語の「現在」

> 問16〔回答票〕あなたは，日ごろ読んだり聞いたりする言葉の中に，外来語や外国語などのカタカナ語を使っている場合が多いと感じることが，よくありますか，たまにはありますか，それとも，多いと感じることはありませんか。
>
> | | よくある | たまにはある | 多いと感じることはない | 分からない(%) | ある(計) |
> |---|---|---|---|---|---|
> | (n=2,200) | 56.6 | 29.5 | 12.1 | 1.7 | 86.2 |
> | | 【51.6】 | 【32.2】 | 【13.8】 | 【2.3】 | 【83.9】 |
>
> 【 】内は平成11年度結果 n=2,196

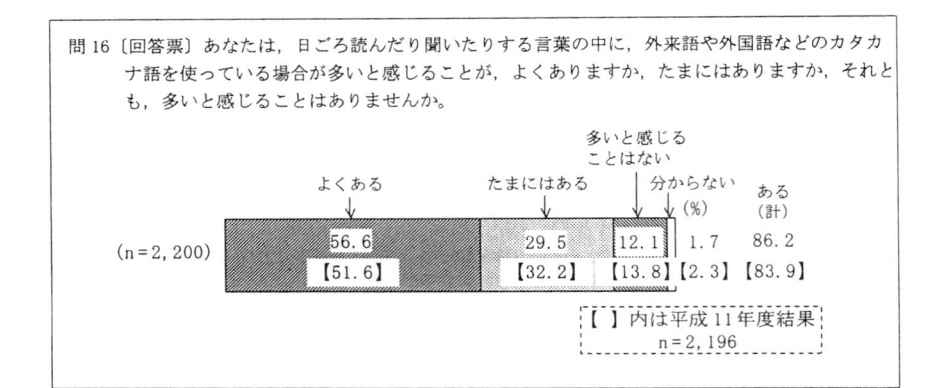

図 6.1

> 　　　一方，「多いと感じることはない」と答えた人の割合は12.1%である。
> ─B─
> この結果を「11年度調査」と比較すると，「よくある」の割合が5.0ポ
> ─C─
> イント増加，「たまにはある」の割合が2.7ポイント減少し，「多いと感じ
> ─D─
> ることはない」の割合が1.7ポイント減少している。
> ─E─

のように記しており[注1]，下線部 A, C については，全く異論がない．ただし，下線部 B, D, E については，数値の示すところはそうであっても，次のような背景をも考慮することが必要であろう．つまり，「14年度調査」で「多いと感じることはない」と答えた人の自己認識の中での「多い」は，「11年度調査」のそれと，同じではなく，「カタカナ語」使用濃度の高くなった環境の中での「多いと感じることはない」であったのではないかということである．したがって，「「多いと感じることはない」の割合が1.7ポイント減少している。」だけでは，ものたりない．「たまにはある」も同様で，濃度の低かった「11年度調査」における32.2%と，濃度の高くなっている中での「14年度調査」における29.5%を，単に「2.7ポイント減少し」と，まとめてよいであろうかということである．

　このような背景まで読みこむと，平成14年度の「ある（計）」86.2%は，平成11年度のそれと比べて，「5.0ポイント＋α　増加」となり，現状により近いものとなるであろう．

1. 国政としての「外来語問題」

「カタカナ語を交えて話したり書いたりしていることについて好ましいと感じるかどうか」を問うたのが，次の問17であり，図6.2がその調査結果の詳細である．

『調査書』は，まず，根幹の問いに対して，

> 「どちらかと言うと好ましいと感じる」の割合は16.2％，「どちらかと言うと好ましくないと感じる」の割合は36.6％である。また，「別に何も感じない」は45.1％で5割近くを占める。
>
> この結果を「11年度調査」と比較すると，「どちらかと言うと好ましいと感じる」の割合が2.9ポイント増加，「どちらかと言うと好ましくないと感じる」の割合が1.1ポイント増加し，「別に何も感じない」の割合が3.7ポイント減少している。
>
> 地域ブロック別に見ると，「どちらかと言うと好ましいと感じる」は四国（23.2％）と中国（20.0％）でやや高い。「どちらかと言うと好ましくないと感じる」は東北（42.0％）で高い。
>
> 性別では，ほとんど差は見られない。
>
> 性・年齢別に見ると，「どちらかと言うと好ましいと感じる」は男性の20代（30.1％），16〜19歳（27.3％）と女性の16〜19歳（26.3％）で高い。「どちらかと言うと好ましくないと感じる」は男女ともに50代で4割強，60歳以上で約5割と高い。また，「別に何も感じない」は女性の20代（70.2％）で特に高い。

のように報告している．このうち，「別に何も感じない」の数値は重要である．なぜなら，無意識下でカタカナ語を許容している数値だからである．「11年度調査」でこの項目が48.8％であったのに「14年度調査」で45.1％となり，表面上は，「3.7ポイント減少している」ことになっているが，11年度のカタカナ語使用濃度は14年度より低かったから，この程度なら「好ましいとも好ましくないとも言えない→普通ではないか」という意識が働いていた．しかし，濃度の高くなった14年度では「カタカナ語大好き派」と「カタカナ語批判派」とが両極にわれつつ，その中間層としての「別に何も感じない」派が45.1％

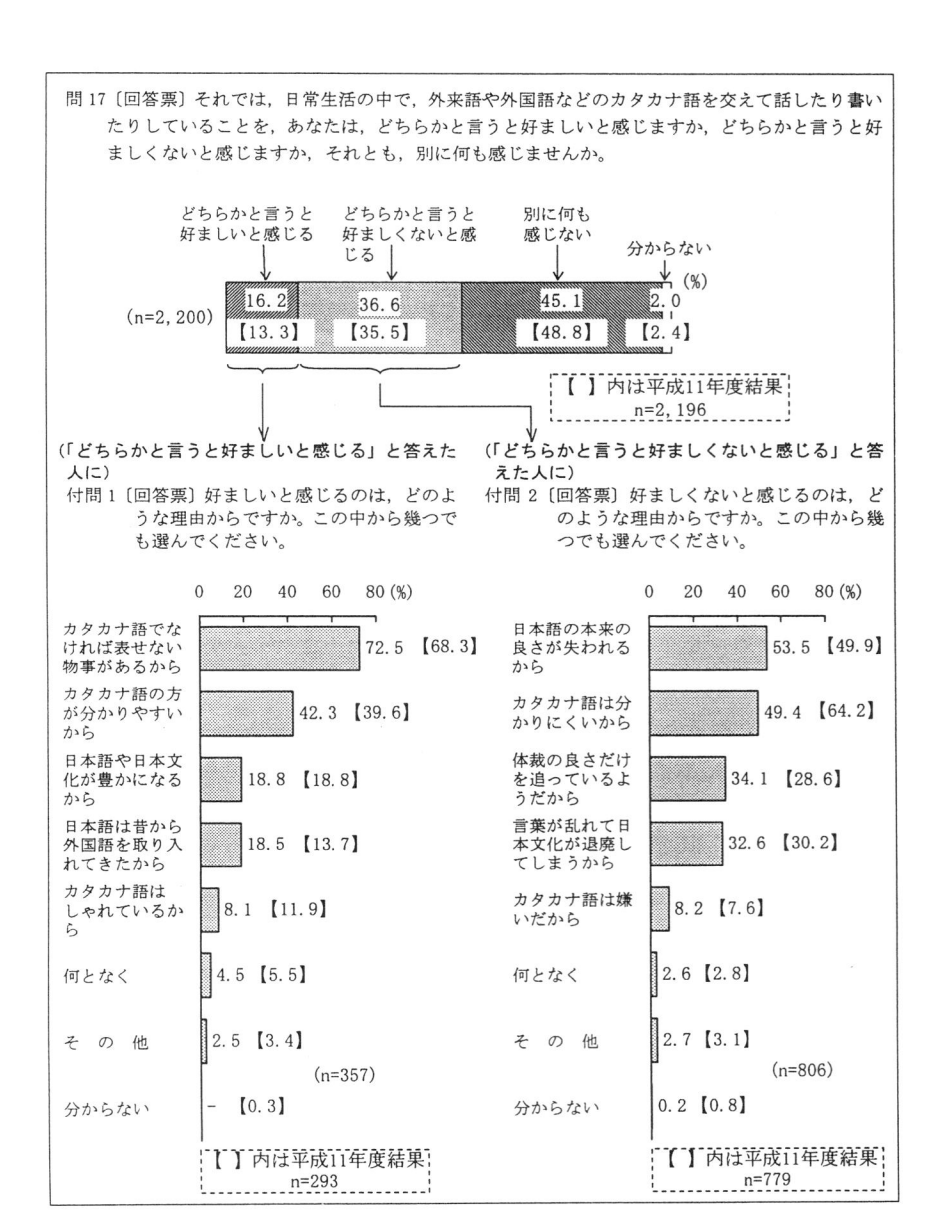

図 6.2

であったことを示していると読み解くことができる．

性・年齢別に見た時の指摘は，きわめて興味深い．学生層の含まれる

　　　男性の20代（30.1%）
　　　　　　16〜19歳（27.3%）
　　　女性の16〜19歳（26.3%）

が，「どちらかと言うと好ましいと感じる」というのである．また，

　　　女性の20代（70.2%）

が，「別に何も感じない」であり，これらを合わせると，学生を含む若者たちが，カタカナ語の使用を支え追車をかけていることが見てとれる．若い女性の日常的興味の中心である化粧品・ヘアメイク・ファッション（着る物・アクセサリー）は，カタカナ語に満ちている．そのような中で生活する彼女たちにとって，「カタカナ語の現状」は「フツウ」のことであり，それを，このようなアンケートの回答として選ぶとしたら，「別に何も感じない」となる．

次に，付問１「好ましいと感じるのは，どのような理由からですか．この中から幾つでも選んだください．」に関する報告に移ろう．データは，図6.2の左半分に示すところであるが，それに対する読みとりは，

> 「どちらかと言うと好ましいと感じる」と答えた人（全体の16.2%）に，その理由を尋ねた。
> 　最も割合が高かったのは「カタカナ語でなければ表せない物事があるから」で７割強（72.5%）の人が挙げている。次いで，「カタカナ語の方が分かりやすいから」が42.3%である。以下，「日本語や日本文化が豊かになるから」（18.8%），「日本語は昔から外国語を取り入れてきたから」（18.5%），「カタカナ語はしゃれているから」（8.1%）の順に挙げられている。
> 　この結果を「11年度調査」と比較すると，割合の高い順は変わらないが，「カタカナ語でなければ表せない物事があるから」の割合が4.2ポイント増加，「カタカナ語の方が分かりやすいから」の割合が2.7ポイント増加，「日本語は昔から外国語を取り入れてきたから」の割合が4.8ポイント増加し，「カタカナ語はしゃれているから」の割合が3.8ポイント減少して

> いる。
> 　性別では，「カタカナ語はしゃれているから」は女性より男性でやや高い。

のようになっている．

　「11年度調査」と比べて，「カタカナ語でなければ表せない物事があるから」「カタカナ語の方が分かりやすいから」「日本語は昔から外国語を取り入れてきたから」の割合が増加しているのに，「カタカナ語はしゃれているから」の割合が3.8ポイント減少している背景には，化粧品・ヘアメイク・ファッションの中にカタカナ語が満ちあふれ，フツウ感覚になってしまい，ことさらの新鮮味やおしゃれ感を感じなくなってきていることが作用しているように思われる．その分が，「カタカナ語でなければ表せない物事があるから」「カタカナ語の方が分かりやすいから」の一部に流れていったのではないだろうか．

　「14年度調査」において，「カタカナ語はしゃれているから」のポイントが女性より男性でやや高かったのも，女性の興味ある世界でのカタカナ語の蔓延による反作用と見られる．男性の興味ある対象——車・カメラ・オーディオ・ゴルフレジャー関係・高級紳士服・カバンなどにおけるカタカナ語は，いまだ，おしゃれで新鮮味をもって受けとられているようである．

　付問2「好ましくないと感じるのは，どのような理由からですか．この中から幾つでも選んでください」に関するデータは，図6.2の右半分に示すものであるが，その読みとりは，

> 　「どちらかと言うと好ましくないと感じる」と答えた人（全体の36.6％）に，その理由を尋ねた。
> 　最も割合が高かったのは「日本語の本来の良さが失われるから」で5割強（53.5％）の人が挙げている。次いで，「カタカナ語は分かりにくいから」が49.4％である。以下，「体裁の良さだけを追っているようだから」（34.1％），「言葉が乱れて日本文化が退廃してしまうから」（32.6％）が3割強で挙げられ，「カタカナ語は嫌いだから」（8.2％）は1割未満である。
> 　この結果を「11年度調査」と比較すると，割合の高い順も変わっている。

> 「11年度調査」で最も割合が高かった「カタカナ語は分かりにくいから」が14.8ポイント減少して第2位に，第2位だった「日本語の本来の良さが失われるから」が3.6ポイント増加して第1位に，第3位だった「言葉が乱れて日本文化が退廃してしまうから」が2.4ポイント増加して第4位に，第4位だった「体裁の良さだけを追っているようだから」が5.5ポイント増加して第3位になっている。
> 　性別では，「カタカナ語は分かりにくいから」は男性（42.9％）より女性（54.8％）で高い。

のごとくである．

　下線部Fの事態は，平成11〜14年度の四年間でカタカナ語のもつ意味がある程度浸透したことを反映し，Gの事態は，カタカナ語の汎濫に対する国民の危機感の現われである．H・Iも，Gと同じ認識に立っての数値である．Jの指摘は，インターネット関係語や社会・経済学関係のカタカナ語に対し，社会に出る機会の少ない女性――主として，中・高年の主婦層の数値がかなり反映した結果であると考えられる．

　「平成14年度　国語に関する世論調査」では，問18を（イ）（ロ）（ハ）（ニ）の四つに分け，「ここに挙げた（1）から（30）の言葉を聞いたこと，又は見たことがありますか。（聞いたこと，見たことがあると答えた人に）それでは，その言葉の意味が分かりますか。（分かる，何となく分かると答えた人に）自分でその言葉を使ったことがありますか。」と，問いかけている．

　その調査結果や『報告書』での読みとりも有益なものであるが，本書では，節をあらため，筆者が日頃接する学生たちに同じ問いかけをした結果を報告し，「外来語の「現在」」の一相となしたい．

2.　学生たちの「カタカナ語の認識と使用」

　「平成14年度　国語に関する世論調査」の問18（イ）（ロ）（ハ）（ニ）に関する筆者のアンケート実施日[注2]は，

　　（イ）平成18年（2006）4月18日　　23人（13）

（ロ）　　　　　　　5月23日　　25人（11）
　　（ハ）　　　　　　　6月16日　　21人（9）
　　（ニ）　　　　　　　6月20日　　21人（11）

であり，それぞれの参加学生は右側に記した数字の通り（（ ）内は女子学生の内訳）であり，総計90人（うち，女子学生は44人）は，東海大学文学部日本文学科二年次生の数（ただし，当日欠席者は含まれていない）となっている．

『報告書』では，「全対象者を属性に偏りが生じないように一定の手続を経て四つのグループに分け，それぞれのグループごとに（イ）（ロ）（ハ）（ニ）の回答票で示される30語のカタカナ語を挙げて，聞いたこと，見たことの有無，その言葉の意味が分かるかどうか，及び使用の有無について尋ねた。」（64頁）とあり，

　　（イ）総数　558
　　（ロ）　　　552
　　（ハ）　　　560
　　（ニ）　　　530

というグループ分けとなっている．30語のカタカナ語について，4項目にわたって回答していくのは，回答者にとってもかなりの負担であり，四つのグループに分け1人30語に答えさすことにより計120語の実態を把握しようと試みたことは賢明な方法と思われる．

　筆者の調査の場合，各グループの構成員が20人余と少ないが，比較としての『報告書』のデータの母数がしっかりとしていること，また，『報告書』に反映された世論調査でも，各グループの「16～19歳」に属する人たちの総数は25であり，今回の筆者の各グループの人数と近似していることから，以下の考察上，それほどの支障はきたさないと思う．ただし，紙幅の都合で（イ）の結果のみを本書では取り扱うこととする．

(1)「アイドリングストップ」〜「リスク」30語の場合

　表6.1は，（イ）に属するアイドリングストップ以下30語について，上段に「世論調査」全国558人の調査結果を，中段に筆者の調査対象者である大学生23人の調査結果を，下段に「世論調査」16〜19歳25人の調査結果および20

表 6.1

	聞いたこと、見たことが		その意味が			使ったことが				聞いたこと、見たことが		その意味が			使ったことが	
	ある	ない	分かる	何となく分かる	分からない	ある	ない		16〜19歳 20〜29歳	ある	ない	分かる	何となく分かる	分からない	ある	ない
1) アイドリングストップ	67.2 **82.6** 72.0 86.7	32.8 **17.4** 28.0 13.3	50.5 **34.8** 52.0 68.3	12.0 **43.5** 16.0 21.7	4.7 **4.3** 4.0 0	26.3 **26.1** 28.0 35.0	36.2 **56.6** 44.0 31.7	9) ケア	16〜19歳 20〜29歳	90.7 **95.7** 100.0 98.3	9.3 **0** 0 1.7	75.6 **65.2** 56.0 95.0	12.7 **26.1** 28.0 5.0	2.3 **4.3** 4.0 0	65.1 **73.9** 52.0 75.0	23.3 **21.7** 24.0 13.3
2) アクセス	85.7 **100.0** 100.0 96.7	14.3 **0** 0 3.3	57.7 **73.9** 68.0 85.0	20.1 **26.1** 16.0 13.3	7.9 **0** 4.0 1.7	46.8 **82.6** 64.0 71.7	31.0 **17.4** 12.0 15.0	10) コーディネート		88.0 **100.0** 92.0 100.0	12.0 **0** 8.0 0	72.9 **87.0** 72.0 95.0	12.5 **13.0** 16.0 5.0	2.5 **0** 4.0 0	60.2 **87.0** 56.0 85.0	25.3 **13.0** 32.0 13.3
3) イノベーション	34.8 **39.1** 16.0 55.0	65.2 **56.5** 80.0 45.0	13.6 **0** 4.0 21.7	8.4 **0** 8.0 10.0	12.7 **39.1** 4.0 23.3	6.5 **0** 0 10.0	15.6 **39.1** 16.0 20.0	11) コンセンサス		47.5 **26.1** 12.0 50.0	52.5 **73.9** 84.0 48.3	24.0 **4.3** 8.0 20.0	13.4 **4.3** 0 10.0	10.0 **17.4** 4.0 6.7	15.9 **8.7** 4.0 15.0	21.5 **4.3** 8.0 10.0
4) インターネット	96.2 **100.0** 100.0 100.0	3.8 **0** 0 0	78.3 **78.3** 88.0 93.3	13.3 **21.7** 8.0 5.0	4.7 **0** 4.0 1.7	74.2 **100.0** 100.0 93.3	17.4 **0** 0 3.3	12) コンソーシアム		10.4 **—** — 20.0	89.6 **100.0** 100.0 80.0	4.1 **—** — 6.7	3.6 **0** 0 5.0	2.7 **0** 0 3.3	1.3 **—** — 1.7	6.5 **0** 0 8.3
5) インターンシップ	28.1 **52.2** 20.0 55.0	71.9 **47.8** 80.0 45.0	15.1 **4.3** 8.0 35.0	8.8 **26.1** 0 15.0	4.3 **21.7** 12.0 5.0	7.0 **8.7** 4.0 20.0	16.8 **21.7** 16.0 35.0	13) シェア		66.3 **82.6** 48.0 88.3	33.7 **17.4** 48.0 11.7	50.9 **47.8** 36.0 71.7	11.6 **17.4** 8.0 10.0	3.8 **17.4** 4.0 6.7	38.9 **47.8** 20.0 53.3	23.7 **21.7** 28.0 28.3
6) オピニオン	36.7 **60.9** 16.0 45.0	63.3 **39.1** 80.0 55.0	18.1 **13.0** 4.0 25.0	7.7 **17.4** 0 18.3	10.9 **30.5** 8.0 11.7	9.3 **13.0** — 18.3	16.5 **26.1** 16.0 26.7	14) スターリング		48.6 **26.1** 24.0 51.7	51.4 **73.9** 76.0 48.3	32.4 **8.7** 16.0 35.0	10.2 **4.3** 0 15.0	5.9 **13.0** 8.0 1.7	17.7 **4.3** 12.0 21.7	24.9 **8.7** 12.0 30.0
7) オブザーバー	80.8 **52.2** 40.0 80.0	19.2 **47.8** 60.0 20.0	46.8 **8.7** 16.0 48.3	20.8 **13.0** 16.0 16.0	13.3 **30.4** 0 15.0	33.0 **4.3** 16.0 23.3	34.6 **26.1** 24.0 36.7	15) セキュリティー		82.1 **100.0** 96.0 98.3	17.9 **0** 4.0 1.7	65.6 **78.3** 72.0 90.0	10.2 **17.4** 16.0 6.7	6.3 **4.3** 4.0 1.7	48.7 **91.3** 44.0 73.3	27.1 **8.7** 20.0 21.7
8) キャピタルゲイン	29.0 **8.7** 16.0 33.3	71.0 **91.3** 84.0 66.7	14.2 **0** 12.0 21.7	8.1 **0** 4.0 11.7	6.8 **8.7** 4.0 8.3	7.0 **4.3** 4.0 8.3	15.2 **0** 8.0 15.0	16) テーマ		96.8 **100.0** 100.0 100.0	3.2 **0** 0 0	88.2 **87.0** 100.0 95.0	6.6 **13.0** 0 5.0	2.0 **0** 0 0	80.1 **100.0** 84.0 95.0	14.7 **0** 12.0 5.0

128　第6章　外来語の「現在」

	聞いたこと、見たことが		その意味が				使ったことが			聞いたこと、見たことが		その意味が				使ったことが	
	ある	ない	分かる	何となく分かる	分からない		ある	ない		ある	ない	分かる	何となく分かる	分からない		ある	ない
17) デジタル・アーカイブ 16〜19歳 20〜29歳	20.3 34.8 16.0 30.0	79.7 65.2 	9.0 0 4.0 18.3	5.9 4.3 	5.4 30.4 		4.7 4.3 4.0 11.7	10.2 8.7 	24) ポテンシャル 16〜19歳 20〜29歳	38.5 73.9 48.0 60.0	61.5 26.1	21.1 17.4 20.0 38.3	9.5 21.7	7.9 34.8		14.5 21.7 16.0 33.3	16.1 26.1
18) トレンド	75.6 100.0 64.0 96.7	24.4 0	53.0 39.1 32.0 81.7	16.3 26.1	6.3 34.8		39.1 26.1 20.0 63.3	30.3 47.8	25) ホワイトカラー	89.1 65.2 52.0 88.3	10.9 34.8	73.3 13.0 36.0 66.7	11.1 21.7	4.7 30.4		48.6 8.7 12.0 41.7	35.8 34.8
19) ノーマライゼーション	26.5 56.5 24.0 51.7	73.5 43.5	12.2 4.3 4.0 23.3	7.5 8.7	6.8 43.5		5.9 4.3 — 16.7	13.8 30.4	26) マーケティング	77.2 91.3 68.0 96.7	22.8 8.7	58.1 26.0 36.0 81.7	14.9 47.8	4.3 17.4		38.9 34.8 20.0 48.3	34.1 39.1
20) パートナーシップ	81.4 56.5 72.0 93.3	18.6 43.5	55.0 8.7 28.0 68.3	21.3 26.1	5.0 21.7		34.4 4.3 24.0 40.0	41.9 39.1	27) モチベーション	53.2 95.7 80.0 91.7	46.8 4.3	31.7 43.5 28.0 61.7	13.3 26.1	8.2 26.1		21.5 69.6 20.0 48.3	23.5 8.7
21) パフォーマンス	92.7 100.0 100.0 100.0	7.3 0	76.2 87.0 84.0 91.7	13.8 13.0	2.7 0		57.9 91.3 48.0 75.0	32.1 8.7	28) モニタリング	48.6 82.6 36.0 71.7	51.4 17.4	28.9 21.7 12.0 48.3	14.7 47.8	5.0 13.0		13.6 21.7 4.0 25.0	29.9 47.8
22) ビジョン	84.1 100.0 84.0 100.0	15.9 0	61.6 60.9 44.0 83.3	16.3 30.5	6.1 8.7		45.0 52.2 36.0 56.7	33.0 43.5	29) ライフスタイル	85.5 100.0 96.0 98.3	14.5 0	70.4 65.2 76.0 86.7	12.0 30.4	3.0 4.3		54.3 52.2 36.0 70.0	28.1 39.1
23) フロンティア	69.0 73.9 64.0 80.0	31.0 26.1	40.7 17.4 32.0 41.7	16.3 30.4	12.0 21.7		22.6 17.4 20.0 26.7	34.4 30.4	30) リスク	87.3 100.0 100.0 100.0	12.7 0	71.5 82.6 72.0 96.7	12.2 17.4	3.6 0		63.3 73.9 44.0 88.3	20.1 26.1

～29歳60人の調査結果を，パーセンテージ（％）で表示したものである．比較しやすいように，中段を太字（ボールド体）にし，下段にはポイントをおとした小活字を二段組みにしてある．

以下，一語ずつ，実態分析を行なっていく．

1) アイドリングストップ

「アイドリングストップ」とは，「駐停車中の自動車のエンジンをかけたままにしないこと」[注3]であり，資源保護・環境保護のため取られ出した対策で，バスに乗車すると，車内アナウンスでよく耳にする．また，宅配使用の車輌に「アイドリングストップを採用しています」旨のステッカーが貼られていることもある．

学生たちのうち，通学の過程でバスに乗る者も多く，この語の普及度は高い．しかし，全くバスに乗らない学生には縁遠い語でもある．

「聞いたこと，見たことがある」の数値82.6％は，全国67.2％より高く，アイドリングストップ採用のバスが都会に多いことがプラスしていると思われる．また，学生は，18, 19歳および20～22歳の年代層に属しているが，この間の数値72.0～86.7％のちょうど過渡的な数値（82.6％）を示していることは，興味深い事象である．

アイドリングストップの意味が分かる学生が34.8％で，20～29歳68.3％はもとより，16～19歳52.0％，全国平均の50.5％よりも低いのは，学生たちがはっきり説明できないと「分かる」にチェックできないと思い，「何となく分かる」へ逃げたためと思われる．「何となく分かる」43.5％は，そのような"慎重派"も含まれた数値をみなすべきであろう．使ったことがある学生は26.1％で，全国平均26.3％と似通った数値となっている．

実は，筆者の調査では，A3判の用紙の左半分に「世論調査」と同じ調査を置き，右半分にその意味を記すコーナーを設けていたので，先に述べたような慎重派が「何となく分かる」に流れてきた可能性が高いのであるが，「分かる」を選択した学生の中に，

① 車のはい気ガスの排出量を減らすために赤信号などの時車のエンジンを止めること[注4]（女　19歳）

② 車やバイクなど、排気ガスを少しでも出さないために信号などで止ったりエンジンを切る。（男　21歳）

のように，よく理解していた者もいる．また，バイク通学の場合も適用される方式であることも，これで知られる．「何となく分かる」をマークした学生のうち，「車のやつ」（男　19歳）とコメントした学生がいて，その「何となく」のおもむきがよく伝わる．

　この語は，地球温暖化防止・地球環境保護のためこの方式を採用した車（アイドリング車）が増加することから，これからもますます浸透していくことであろう．

2) アクセス

　「アクセス」とは，「交通手段，コンピュータ用語ではネットワークへ接続すること」である．学生の「聞いたこと，見たことがある」の数値は100％で，全国平均85.7％よりも高い．年齢別では，16〜19歳が100％であるから，コンピュータ用語として若年層に完全浸透していることがよくわかる．

　「その意味が分かる」学生は73.9％で，この数値は全国平均57.7％よりも高く，16〜19歳68.0％よりも高い．ただ，20〜29歳85.0％より幾分低めなのは，"慎重派"が「何となく分かる」26.1％に逃げこんだためで，学生たちの理解語彙であることは確かである．「使ったことがある」学生が82.6％であることも，その実態のすなおな反映であろう．大学の授業でコンピュータの基礎を学ぶことも，高数値に反映しているとみられる．

　なお，アクセスのもつ二つの意味について，「交通機関　又は　それを使っての移動方法．もしくは　ネットに接続すること」（女　19歳）などと言及した者も数人おり，「何となく分かる」にマークした学生の一人「なんかへの接続みたいな感じ」（男　19歳）という把握とは，一線を画している．

3) イノベーション

　「イノベーション」とは，「技術革新，刷新」のことである．2007年時点では，「社会イノベーション学部」という学部名もあり，新聞上でもこの語を目にする機会もあるが，「世論調査」のなされた2002年（平成14）当時は，耳慣れない語であったにちがいない．全国平均34.8％はその反映であり，16〜19歳

16.0％も，まさにそのことを映す．

さて，2006年調査の学生の場合は39.1％で，四年前の全国平均をやや上まわる程度．むしろ，四年前の20〜29歳55.0％には及びもしない．アンケート対象学生たちが「イノベーション」を叫ぶ現場にいないからかもしれない．

「聞いたこと，見たことがある」学生の全てが，「その意味が分からない」にマークしている．したがって，「使ったことがない」も同率の39.1％．最初から「聞いたこと，見たことがない」学生は，使えるはずがないから，つまりは，学生の一人も使っていないのである．

2002年のデータで，20〜29歳55.0％となっていたように，学生たちが社会に出て技術革新や政策刷新，経営方針刷新などという現場に立ったら，理解語彙となり使用語彙となっていくのであろう．

4）インターネット

「インターネット」とは，「世界各国のネットワークが相互に接続された世界規模の通信ネットワーク」のことである．この通りの定義でなくとも，現代の大人たちの多くが「分かっている」つもりとなっているほど，現代社会はインターネット社会である．

それを反映して，学生たちも「聞いたこと，見たことがある」が100％で使ったことがあるも100％．ただし，「その意味が分かる」としたのは78.3％で，幾分のあいまいさを自覚して，「何となく分かる」が21.7％である．

コメント欄には，

③　PC等を国際的に電子上で結げているもの・こと（女　19歳）
④　世界をつないでいるネットワーク。www。（女　19歳）
⑤　世界各国とつながり、情報を受けたり、発信する。（男　19歳）

などが記されている一方，

⑥　パソコンで遠くの人と通信すること（女　19歳）
⑦　パソコンで調べるときに使うもの。（女　19歳）

など，不十分な記述も見られる．「何となく分かる」とした21.7%には，これよりもさらにあいまいな把握を自分に見出した人たちが含まれているのである．

なお，「分かる」にマークした一人（女　19歳）が，「インターネット」そのものの語を意味欄に記していたのは，それ以上の置きかえがないものとして認識していた証拠であろう．

5）インターンシップ

「インターンシップ」とは，「学生が行う企業などの就業体験制度」のことである．

学生たちの所属する大学でも就職課などの掲示や配布物で時に目に触れるものであると思うが，アンケート対象学生が二年次生——それも春学期であり就職そのものへの関心が低かったことで，「聞いたこと，見たことがある」が52.2%にとどまったものとみられる．

しかし，数値自体は全国平均28.1%より格段に高く，16〜19歳20.0%を倍以上も抜き，20〜29歳に近似している．したがって，「世論調査」の四年後における大学二年次生の実態としては，この語の普及をみとめることができるであろう．

ただし，学生たちの「その意味が分かる」は4.3%で，「何となく分かる」26.1%を含めても，心もとない状態である．むしろ，「分からない」と答えた21.7%の方を重く見るべきであろう．当然，この「分からない」と答えた人たちは，「使ったことがない」21.7%に反映されてくる．

先ほど，今回の学生の「聞いたこと，見たことがある」52.2%は，四年前の20〜29歳55.0%に近似していると記したが，その内実はかなりちがっている．つまり，20〜29歳は「分かる」が35.0%で，「使ったことがある」20.0%であり，「インターンシップ」という語の運用にあたってかなり中味が添っているということである．これは，20〜29歳のうち，「20〜22歳」に就職活動期の学生が含まれ，「23〜29歳」に，それを経験し，かつ，企業に入り「インターンシップ」を外に向けて広報し運営する側に立つ人たちが居たことを想像させる．

戦後生まれの筆者たちの世代において，「インターン」は「研修医」そのも

のをさす語として一般語となっていた注5．そこへ，「スカラシップ」（奨学金）「スポーツマンシップ」（正々堂々と勝負を競うスポーツマンにふさわしい精神や態度）などと同じ語構成をもつ「シップ」注6がついたことで，何となく分かるものの，はっきりした定義には至らない状態で過ごしてきた大人たちが多いものと思われる．

6）オピニオン

「オピニオン」とは，「意見，見解，世論」のことである．学生の「聞いたこと，見たことがある」は60.9％で，「世論調査」の全国平均や20～29歳のポイントを大きく超えた数値となっている．ただし，「その意味が分かる」かというと，13.0％におちこみ，20～29歳の25.0％には及ばない．むしろ，「分からない」30.5％の方がきわ立ち，そのため，「使ったことがない」の数値は26.1％におちこんでいる．

大学の授業で「オピニオンリーダー」などの語を含めて耳にし目にしたことがあっても，自己の日常生活で使うことは全くない現状を反映しているのであろうが，三年生，四年生と学年があがり，あるいは選挙を通して政治・政界の動きに興味をもち出すと，「オピニオンリーダー」をはじめ，「オピニオン」を口にする機会も増えるものと思われる．

7）オブザーバー

「オブザーバー」は「傍聴人，議決権のない会議参加者」であるが，戦後アメリカの民主主義をとり入れた日本社会にあって，会議にさらなる公平性を与えるために，その道の専門家や学識経験者が呼ばれることが多くあり，筆者世代は中・高校生のあたりから耳に親しんだ語である．

現代もその状態はつづいており，「聞いたこと，見たことがある」の全国平均80.8％はそれを反映しているとみられる．学生は52.2％どまりである．この数値は，16～19歳40.0％と20～29歳80.0％の過渡的数値を示し，学生たちが大学卒業後，社会に出て知る語であるように見うけられる．

学生は「オブザーバー」の意味がわからないから，「使ったことがない」も26.1％である．ただし，この質問項目につき，迷った末に無マーク状態でおいた学生が数人おり，「使ったことがない」学生の実数はかなり多くなっているはずである．

8) キャピタル・ゲイン

「キャピタル・ゲイン」とは,「資本収益,株式の値上がりなどによる利得」のことであり,英語では「capital gain」と記され,対照的な語として「インカム・ゲイン」(income gain：利子や配当など投資の果実による収益)がある.

私たちの生活では,むしろ,預貯金の利子や株の配当という点で「インカム・ゲイン」の方に親しんでいるが,カタカナ語として,それを使うことはほとんどなかった.それが,現近の世界を視野に入れた経済情勢の中で,「キャピタル・ゲイン」なる語が流入してきた.

学生で「聞いたこと,見たことがある」は8.7％,むしろ,ほとんどの学生が「聞いたこと,見たことがない」と言ってよい.数少ない「ある」学生も,その意味がわからない.23人中ただ一人,「使ったことがある」学生がいる(男19歳)が,経済学関連の授業の中か,企業につとめる父親との会話か,あるいは,日経新聞などの経済紙を読んでの上のことか.ただし,その学生は,意味をコメントする欄に無記入であり,中味の妥当性については確証がない.

この語が「世論調査」において16～19歳16.0％の「聞いたこと,見たことがある」であったことは意外であるが,20～29歳で33.3％であるのは,企業に就職して決算報告の際,必然的に見聞きする語だからであろうと推測がつく.

9) ケア

「ケア」とは「手当て,世話,保護,介護」であり,現在,高齢化社会に言及する時や,大きな事故・事件後の「心のケア」などと聞かぬ日はないほど,浸透した語である.すでに四年前の全国平均でも90.7％であり,今回の学生アンケートも,たまたまマークもれした一人のために95.7％となっているが,ほぼ100％であるとみなすことができる.その意味の分かる者は65.2％であるが,ちゃんと定義できないから「何となく分かる」に逃げた26.1％を加えると,よく知られるようになったカタカナ語であることが納得されるであろう.

学生たちのうち,教職の一環として,あるいは自発的に「介護体験」を履修する者も多く,この語を「使ったことがある」は73.9％にのぼる.

電化製品やカメラなどの「アフターケア」という形で長く「ケア」になじんだ日本人にとって,「ケア」一語もそれほど理解しがたいことばではなかったと思われるが,老人介護の局面での「デイケア」「ケアマネージャー」(略して「ケ

アマネ」)「ケアマンション」などの造語も現今盛んである．

　なお，「お手入れ」（女　19歳）「お肌をきれいに保つためにする行為」（女19歳）「けしょう品の事。例えば、スキンケアなどきれいにしてやるけしょうひんの事」（女　23歳）など，肌の手入れに言及した意味づけを記したのは，全て女子学生である．

10）コーディネート

　「コーディネート」とは「調整すること，調和をとること」であるが，「会議をコーディネートする」という表現[注7]よりも，ファッション・服装に関して使われる機会が目立って多い．関連語として「ファッションコーディネーター」という職業名もあるが，家づくりの際の「コーディネーター」は，家具（壁の色，ドアの色や形，カーテンの色模様を含める）を調和よく組み合わせていくアドバイザーであり，特化して「カラーコーディネーター」と呼ばれることもある．

　「聞いたこと，見たことがある」学生は100％で，その意味を分かる率も87.0％と高い．この数値がそのまま，使ったことがある87.0％に反映している．

　「コーディネート」という語は，全国平均でも普及度の高さを見せているが，若い学生たちの場合，さらに一般化した語となっていると言ってよい．

11）コンセンサス

　「コンセンサス」とは「同意，合意」のことであるが，学生で「聞いたこと，見たことがある」は26.1％で，「ない」が73.9％と高い．「聞いたこと，見たことがある」と答えた者も，「分かる」4.3％，「何となく分かる」4.3％で，むしろ「分からない」者の方が多い．こういう状態であるから，「使ったことがある」率も低い．それにしては，「使ったことがない」が4.3％にとどまるのは，この部分の質問項目をマークし忘れた学生が数人いるためである．

　「聞いたこと，見たことがある」の全国平均は47.5％，20〜29歳は50.0％とさらにポイントをのばしているから，社会に出た人の方が接する機会のある語と言えよう．ただし，四年前の「世論調査」で「聞いたこと，見たことがある」と答えた20〜29歳50.0％の人たちも，「使ったことがある」に関しては15.0％にとどまっており，理解語彙であっても，なかなか自らは使えない語であることがわかる．わざわざ「コンセンサス」を用いなくとも，「同意」「合意」

という漢語ですませられるからである．やはり，国家の政策[注8]などに関して「国民のコンセンサスを得る」という特殊な使い方にとどまるものであろう．また，これとて，「国民の合意を得る」と説明した方がよいものと思われる．

12) コンソーシアム

「コンソーシアム」とは「共同企業体，企業連合体。また，債権国会議，発展途上国への援助方式の一つ」のことである．学生たちは「聞いたこと，見たことがない」が100％である．四年前の「聞いたこと，見たことがある」の全国平均が10.4％，20〜29歳が20.0％であるから，無理からぬ現象であるかもしれない．

四年の間に，学生を含む若者層への浸透もなく，かつ，四年前の理解度も全国平均4.1％であるから，このカタカナ語自体，日本語になじむことができなかったと判断してよいであろう．

国際社会の中で，発展途上国への経済援助についての調整を行なうために日本を含めた先進工業諸国の政府や銀行が設ける機関・会議[注9]であるから，英語圏へ発信する情報としては「コンソーシアム」が用いられる事態はつづくことが予想されるが，それを日本国内に発信する際は，漢語を含めた日本語表記がのぞましい[注10]と考えられる．

なお，大学においては，各大学の図書館相互利用や授業（単位）相互乗り入れ・利用に関して，「コンソーシアム」を用いる機会が増えている．この語が学生たちに理解されるとしたら，このあたりからではないかと考えられる．『ジーニアス英和辞典』の「consortium」の項に「(学校の) 団体連合」とある，まさにその日本的適用である．

13) シェア

「シェア」とは，「占有率，持ち分」である．学生の「聞いたこと，見たことがある」は82.6％で，全国平均66.3％より格段に高い．「その意味が分かる」学生は47.8％で，「使ったことがある」も，その流れを受けて47.8％である．もちろん，「聞いたこと，見たことがある」が意味が分からないため，使ったことがない学生もある程度はいる．しかし，これも，就職して会社に入れば，いやでも「当社のシェアは」という話題を通して使用語となっていくものであろう．

「持ち分」と言えば古めかしく,「占有率」と言えば会社のエゴが前面に出て好感度が減少するので, 涼やかな S 音をもつ「シェア」という語は, これからもますます力を得ていくものと思われる.

なお, これも正確に言えば,「マーケット・シェア」(market share) となる. 訳すと「市場占有率」となる.

14) スクーリング

「スクーリング」とは,「通信教育で出席を義務付けられている教室授業」のことであるが, 昨今の学生は通信教育そのものに疎くなっているので,「聞いたこと, 見たことがある」は 26.1％にとどまる. そして,「その意味が分かる」は 8.7％,「使ったことがある」も 4.3％と低調である.

筆者など戦後生まれの世代にとっては, 経済的事情から通信制の高校, 大学を卒業した知人もあり,「スクーリング」の何であるかをよく理解していたものである.

これは, その表わすものが衰退して耳に触れ目にする機会が減れば, カタカナ語としての命運もか細くなることを示す事例である.

「スクーリング」を「聞いたこと, 見たことがある」ものの,「その意味が分からない」をマークし, かつ,

⑧　バイクで運転すること[注11]（女　19歳）
⑨　スクリーンをつけること？（男　20歳）

のようなコメントを記した学生があるが, それだけ縁遠い語となっている証拠である.

15) セキュリティー

「セキュリティー」とは,「防犯, 安全保障」のことである. 家造りやマンション販売の宣伝, セコムをはじめとする警備保障会社の宣伝などで,「セキュリティー」にはなじみがある. また, インターネットに関してもセキュリティーが問題とされる. このような状況を反映して, 学生の「聞いたこと, 見たことがある」は 100％であり,「その意味が分かる」も 78.3％, かつ,「使ったことがある」も 91.3％にのぼる.

四年前の「世論調査」の全国平均は82.1%であるが，現在なら，それもポイントがアップしているはずである．

16) テーマ

「テーマ」とは，「主題，題目」のことで，ドイツ語「Thema」に由来する．大学生は，「レポートのテーマは」「卒論のテーマは」，あるいは，「この文学作品のテーマは」などと耳にしているので，「聞いたこと，見たことがある」が100%であることは当たり前のことと思われる．ただし，「その意味が分かる」は87.0%，残りの13.0%は「何となく分かる」に遠慮したかっこうになっている．もちろん，「使ったことがある」は100%である．

「この映画のテーマは」とか，「テーマソング」「テーマパーク」などという形で一般にも浸透しており，全国平均96.8%も，その反映である．

17) デジタル・アーカイブ

「デジタル・アーカイブ」とは，「資料，書類などをデジタル情報にして保管すること」である．筆者は数年前，NHKのTV広告において，「アーカイブス」なる語を耳にし，早速，『ジーニアス和英辞典』を引き，

---
⑩　アーカイブス　archive　Ⓒ［通例～s］公文書［記録（文書）］保管所‖サウンドアーカイブス　sound archives

---

を知り，つづいて，これらの他に，

---
⑪　［コンピュータ］アーカイブ《複数のファイルを〈通例圧縮して〉1個にまとめたもの》

の意のあることも知った．

学生の「聞いたこと，見たことがある」は34.8%であるが，その意味のわかる者はおらず，「分からない」が30.4%を占める．使ったことがある者はほとんどおらず，普及度は低い．

四年前の世論調査における「聞いたこと，見たことがある」は，全国平均20.3%，20～29歳30.0%で，当時，国民になじみの薄い語であったことが知

られる．

　「資料，書類などをデジタル情報にして保管すること」と言えば長々としてまどろっこしいが，「デジタル・アーカイブ」と言えば短かくて済む．このような表現の利便性が，将来，ある程度はこの語の浸透を助勢することになろう．

　18）トレンド

　「トレンド」とは，「傾向，風潮」のことであるが，15～5年ほど前，TVでは「トレンディードラマ」が人気を博し，そのドラマの主人公・ヒロインを演じた俳優は「トレンディー俳優」と呼ばれた．しかし，昨今では，このような言い方は下火になってきたようである．むしろ，若い女性・男性向きのファッション誌に，「今年のトレンドは～」「トレンドなブーツは～」「～をトレンドに着こなそう」などという表現が目立つ．

　学生の「聞いたこと，見たことがある」は100％で，「その意味が分かる」「何となく分かる」は合わせて65.2％であり，使ったことがある者も26.1％．多くはないが，学生たちにとっても時に使うことばとなっている．

　四年前の「世論調査」で，「その意味が分かる」が全国平均53.0％となっているのは，先に述べた「トレンディードラマ」の影響ではないかと思われる．20～29歳の「聞いたこと，見たことがある」96.7％，「その意味がわかる」81.7％，「使ったことがある」63.3％の高率も，「トレンディードラマ」の功績が大きいと思われる．

　『ジーニアス英和辞典』を引くと，「1（川・道路などの）向き，方向，傾き 2（一般的な）傾向，趨勢，動向，風潮」の次に，

> ⑫　3〔…の〕流行，はやり《◆今は fashion より普通》set［start］the latest *trend* in clothes　服の最新流行を創り出す［定める］

とあるが，昨今のファッション誌の「トレンド」は英語の強い影響を受けていることが判明する．

　19）ノーマライゼーション

　「ノーマライゼーション」とは，「標準化，正常化。また，健常者と障害者とが分け隔てなく一緒に暮らす社会にすること」の意であるが，一般市民がこの

語に接するのは,「健常者と障害者とが分け隔てなく一緒に暮らす社会にすること」という意味においてであろう.

学生の「聞いたこと,見たことがある」は56.5%,「ない」は43.5%で,相半ばしている.全国平均はもとより,20～29歳の数値51.7%よりも「ある」のポイントが高いのは,介護体験などが良い影響を与えているものと思われる.しかし,「ある」のうち,その意味が「分かる」と答えたものはたった一人で,使ったことがあるのも,その一人である.使ったことがない比率が格段に高い.そこが,20～29歳の場合と,大きく異なる点である.

「分かる」と答え,「使ったことがある」と答えた学生は,女子・19歳で,「人が人として,みな平等であること」と記している.「健常者」も「障害者」も,分けへだてない社会を目ざすという観点から,「人が人として」と表現したとするなら,この学生のこの語への理解はきわめて深いこととなる.

「健常者と障害者とが分け隔てなく一緒に暮らす社会にすること」という概念は,必要なスローガンでもあるが,日本語での言いかえは長すぎる.かと言って,「ノーマライゼーション」で同じ価値観が育つかと言えば,若干の不安が残る.「ノーマル」「アブノーマル」という対(つい)で一般になじんだ外来語が一方にあるので,それを動詞化(normalize)し,かつ名詞化(normalization)したものとみなしても,なかなか「健常者と障害者とが分け隔てなく一緒に暮らす社会にすること」にたどりつかないのが現状である.

20) パートナーシップ

「パートナーシップ」とは,「提携,共同経営」のことである.「パートナー」は,「①仲間.同伴者.相棒.②競技・遊戯・ダンスなどで、二人一組となる場合の相手.③配偶者.」[注12]などの意味で,かなり流通した語であると言えるので,「パートナーシップ」を「聞いたこと,見たことがある」学生は,56.5%とかなり多い.しかし,正確な説明となると,「分かる」と答えた学生は二人(8.7%)で,「何となく分かる」および「分からない」が,それぞれ26.1%と21.7%.

「分かる」と答えた学生のコメントは,

⑬ パートナーとの友情・れんけい (女　19歳)

⑭　二人の人がおたがい仕事などで守ってあげたりして、仕事をよくやって上げる事（女　23歳）

であるが，どうもすでに普及した「パートナー」から理解を発しているようで，「partnership」のもつ，

⑮　1〔…との〕提携，共同，協力，協調
　　2　組合契約，共同経営［事業］；組合；合名会社，商会；［the 〜；集合的に］組合員注13

という原義からは"ずれ"が見られる．「何となく分かる」と答えた学生（男21歳）は，

⑯　2人以上の組の頭的存在

と記しているが，これも，「パートナー」と「リーダーシップ」を組み合わせて理解しようとしている姿勢がうかがわれる．このように，外来語の一部がすでに日本語として流通している場合，複合語としての外来語の理解があいまいになる可能性は十分にある．

　なお，「世論調査」における「聞いたこと，見たことがある」の全国平均は，81.4％，「その意味が分かる」は55.0％で，「使ったことがある」は34.4％．この数値は，今回の学生の数値よりきわめて高くなっている．16〜19歳の数値と比べても，学生の数値は低い．学生は「インターンシップ」をたまに使っても「パートナーシップ」をほとんど使わないという結果となっている．

21）パフォーマンス

　「パフォーマンス」とは，「実行，功績，公演，人前での表現行為」のことであり，このうち「人前での表現行為」としての「パフォーマンス」は，TVなどのメディアを通して常時流されている語なので，「聞いたこと，見たことがある」は100％である．また，「その意味が分かる」は87.0％で，「コーディネート」「テーマ」とならんで，「分かる」外来語の第1位を占めている．

また,「使ったことがある」は91.3%で,「テーマ」「インターネット」の100%につぎ,「セキュリティー」とならんで第2位である.

これらの数値は,「世論調査」の全国平均よりも高く,「使ったことがある」に関しては, 20〜29歳の75.0%をもしのいでいる.

若き学生にもっとも受け入れられている語と言えよう.

22) ビジョン

「ビジョン」とは,「視覚, 視野, 将来に対する展望」であるが, 最後の「将来に対する展望」が意味としては最も普及しているように思われる.

「聞いたこと, 見たことがある」学生は100%で,「その意味が分かる」が60.9%,「使ったことがある」が52.2%で,「パフォーマンス」ほどでないにしろ, 学生たちの割によく使う外来語の一つとなっている.

日常の会話で,「お前, ビジョンないなぁ」「ビジョンなさすぎ」などとつっこんでいるぐらいだから, 一世代前の若人同様,「将来の理想」「将来の夢」を強く意識していることが感じとられる.

23) フロンティア

「フロンティア」とは,「辺境, 開拓地, 学問や知識の新しい領域」のことである. 学生たちは,「開拓地」という意味に関しては,「フロンティア精神」(frontier-spirit) という訳語で高校の世界史や大学の文明論で出会い,「学問や知識の新しい領域」という特殊な意味においても, 大学の教養講座「知のフロンティア」で出会っている. それらの影響を受けて,「聞いたこと, 見たことがある」は73.9%で, かなり高い数値を示している. ところが,「その意味が分かる」「使ったことがある」となると, 17.4%に急減している. これが, この語に関する学生たちの実相だと思われる. また, コメント欄をつけたことで, ちゃんと説明できない場合, 控え目に「何となく分かる」「分からない」に逃げこむという心理もうかがわれる.

「使ったことがある」17.4%,「使ったことがない」30.4%の残り26%ほどが無回答であるのも,「知のフロンティア」など授業科目名で使うのは, どこに入れるべきかと迷った上での放置(マークなし)の可能性も考えられる.

「世論調査」の結果は, この語が知識語としての性格を有し, 知ってはいても日常の会話文脈では余り使わないことを示している.

24）ポテンシャル

「ポテンシャル」とは，「潜在能力，可能性」の意味である．心理学，教育心理，あるいは英語の授業で出会えるせいか，「聞いたこと，見たことがある」は73.9％で，全国平均や20～29歳の結果よりもぐんと高くなっている．しかし，「その意味が分かる」となると，17.4％に落ちる．ただし，「使ったことがある」は21.7％とやや回復を見せている．これは，授業の発表やレポート・試験で使ったことを反映させているのであろうか．

「使ったことがある」の回答者が，「潜在能力」「元々持っている能力」など，自信をもってコメントを記しているのが印象的である．

25）ホワイトカラー

「ホワイトカラー」は，「事務系労働者」のことであり，筆者たち戦後生まれの世代では，「サラリーマン」と同義のものとして広く知られていた．その頃は，日本経済が高度成長時代で，重工業が盛んで工場で働く人は労働者として青い作業着を着ていることが多かった．その「ブルーカラー」に対して，事務系労働者は，白いワイシャツで白襟が目立ったので「ホワイトカラー」と呼ばれた背景も，実際の姿として記憶にとどめている世代でもある．

ところが，重工業から軽工業，精密工業，そしてナノテク（ナノテクノロジー[注14]）へと工業の中心が変化していき，ブルーカラーの人々を若い人たちが目にする機会も減り，働く人がみなホワイトカラーになってしまい[注15]，また，ブルーだのホワイトだの働く人を差別することもよくないという世評も受けて，現在に至っている．その現状を反映して，学生たちの「聞いたこと，見たことがある」は65.2％にとどまり，「その意味が分かる」者も少なく，実際に使った者もきわめて少ない．

「世論調査」の20～29歳では，「聞いたこと，見たことがある」88.3％，「その意味が分かる」66.7％，「使ったことがある」41.7％となっており，学生たちも社会に出ると年配層との会話を通して一旦は理解語彙，使用語彙となる可能性もあるが，さし示すそのものの状況変化により，50年もしたら「死語」になりゆく外来語の一つではないだろうか．

26）マーケティング

「マーケティング」とは，「商品の生産から販売，サービスに至る一切の企業

活動の総称」である．『広辞苑』第五版は，「商品の販売やサービスなどを促進するための活動。市場活動」と記し，この方が，私たちの意識により近い．「マーケット・リサーチ」と同義の「マーケティング・リサーチ」も，経済ニュースなどで見聞きするので，学生の「聞いたこと，見たことがある」が，91.3％と高くなっている．

　ただし，「その意味が分かる」学生は26.0％とやや低めである．「何となく分かる」が47.8％もおり，このあたりの理解で日常を過ごしており，その状態で，時に使ったりもするので，「使ったことがある」は34.8％になっている．

　「世論調査」の20〜29歳では，「聞いたこと，見たことがある」は96.7％で，学生たちと余り変わらないが，「その意味が分かる」は81.7％である．この年齢層が，まさに，社会の経済を，市場を若い即戦力として動かしているので「マーケティング」の意味するところを熟知していることになる．もちろん，卒業後の学生も，その予備軍である．

　20〜29歳の「使ったことがある」が48.3％にとどまるのは，「市場経済」にかかわる人たちの社会に占める割合や，主婦層では日常的には使わない語であることが関わってきた結果である．

27) モチベーション

　「モチベーション」とは，「動機付け，行動を促す要因」のことである．スポーツ関係，特にサッカーなどでは，選手各自の「モチベーション」の高さが試合の勝敗を左右することもあり，TV・ラジオ・新聞などでよく見聞きされる語となっている．

　心理学的用語としてだけではなく，スポーツ関係のニュース・記事を通して，また，各自の部活動やサークル活動を通しても学生は見聞きしているので，「聞いたこと，見たことがある」は95.7％の高さである．「その意味が分かる」は43.5％にとどまるが，何となく分かる学生も実際に使っているために，「使ったことがある」は69.6％にのぼっている．

　「世論調査」の20〜29歳では，「聞いたこと，見たことがある」が91.7％，「使ったことがある」が48.3％であるから，「モチベーション」は学生のよく使うカタカナ語の一つであることが明らかである．

28) モニタリング

「モニタリング」とは,「監視すること」である.『広辞苑』(第五版)は,「モニタリング」の項目がなく,「モニター」(monitor)につき,

⑰ ①放送・新聞の内容や商品の品質などについて参考意見・批評を提出する者.
② 機械などが正常な状態に保たれるように監視する装置.また、その調整技術者.
③ ディスプレー②のこと[注16]。
④〔教〕助教.

をあげている.一方,『ジーニアス英和辞典』では,「monitor」につき,

⑱ 1 学級委員, 風紀委員；(public school の) 級長, 上級生の監督生徒 (prefect)
2 監視装置〔人〕
　a (外国放送の) 報告者, モニター,(主に外国) 放送傍受者；公電傍受者.
　b〔ラジオ・テレビ〕(送信状態をチェックする) モニター〈装置〉；= ～ screen.
　c (原子力発電所などの) 放射能汚染探知〔監視〕装置.
　d〔コンピュータ〕モニター, ディスプレイ.
　e スクリーン, 情報画像.
3 《米》〔海軍〕モニター艦《19世紀の装甲艦》
4〔動〕= ～ lizard[注17].
5 《古》戒告〔忠告〕者.
　―動他
1 …をチェックする, 監視する, モニターする；〈外国放送〉を傍受する；〈人・事〉をひそかに探る.
2〔物〕…の放射能を検査する.

―⑧モニターとして働く；モニター装置を使う．

とし，「monitoring」については，

⑲ 形モニターの．
　――名 u 監視，観察．

とする．また，「monitoring」を含む語として，

⑳ monitoring point　　放射能観測地点．
　 monitoring post　　放射能監視装置設置所．
　 monitoring television　　モニターテレビ．

などをあげている．
　このうち，『広辞苑』でいう「モニター」①が国民にもっともよく知られる意味である．「モニター」②も，『ジーニアス英和辞典』の２のｂの意味で，広く知られている．
　しかし，「モニタリング」となり，「監視すること」の意味となると，意外に知られていない．
　「聞いたこと，見たことがある」と答えた学生は82.6％とかなり高い数値であり，「その意味が分かる」と記したのが21.7％である．この21.7％に含まれる学生のコメントを見るに，

㉑　○テレビ画面で観察すること（女　19歳）
　　 ○テレビで見て、必要な事をかくにんする事（女　23歳）
　　 ●ためす（男　19歳）
　　 ●試験的な調査（男　23歳）
　　 △コメント無記入（女　23歳）

となっており，○二件は，「モニター　テレビ」よりの類推，●二件は，「モニ

ター」(『広辞苑』で言う①の意) よりの類推が想定される．したがって，「使ったことがある」21.7%の学生が，正しい使い方ができていたかどうかは疑問が残る．もちろん，そのことは，「世論調査」における「使ったことがある」の全国平均13.6%や「20〜29歳」の25.0%にも，多少は言えることであろう．

なお，『ジーニアス英和辞典』の2のd．コンピュータ用語としての「モニタリング」は，パソコン教育を通して次第に徹底するものと思われる．

29) ライフスタイル

「ライフスタイル」とは「生活様式（行動様式，価値観も含まれる）」であり，一般社会においても知識層を中心に浸透した語の一つであり，学生たちの「聞いたこと，見たことがある」率も100%となっている．「その意味が分かる」も65.2%，「使ったことがある」も52.2%で，学生たちにとっても安定した外来語となっている．

『広辞苑』第五版には，「ライフ」を語構成としてもつ複合語が，

㉒ライフ−サイエンス【life science】
　ライフ−サイクル【life cycle】
　ライフ−ジャケット【life-jacket】
　ライフ−ステージ【life stage】
　ライフ−セービング【lifesaving】
　ライフ−ヒストリー【life history】
　ライフ−ボート【lifeboat】
　ライフ−ライン【lifeline】
　ライフ−ワーク【lifework】

のごとくあがっているが，「ライフ−ワーク」につづいて，この「ライフスタイル」が広く知られている語と思われる．

30) リスク

「リスク」とは「危険，危険度，危険率」であり，100%の学生が「聞いたこと，見たことがある」と回答している．「その意味が分かる」も82.6%の高さであり，「使ったことがある」も73.9%である．

調査30語のうち，「その意味が分かる」の第1位は「コーディネート」「テーマ」「パフォーマンス」（三語とも87.0%）であり，「リスク」はそれに次ぐものである．

意味がわかっていても使うかは微妙であり，「インターネット」「テーマ」（この二語は100%），「セキュリティー」「パフォーマンス」（この二語は91.3%），「コーディネート」（87.0%），「アクセス」（82.6%），「ケア」（73.9%）に次いで，学生たちの「使ったことがある」の第8位に来ている．

「リスクが大きい」「リスクが小さい」などと企業経営の現場で話題になるものであるが，学生自身も自分の日常行動を「リスク」という観点からはかることがあるように見うけられる．そのような場合，「リスク」は「マイナス面」「マイナス点」ときわめて似た意味でとり扱われているようである．

(2) 外来語の言い換えと「理解度」

以上，筆者が2006年4月に学生を対象として行なった調査結果を，「平成14年度　国語に関する世論調査」結果とつき合わせつつ，若者の代表としての学生がどのように外来語を受容しているか，その実態を分析してみた．

なお，国立国語研究所「外来語」委員会編『分かりやすく伝える外来語言い換え手引き』（2006年6月　ぎょうせい刊）では，表6.2.1のような「言い換え語」の提案がなされているが，それぞれに入念な調査・討議を経た上での〔手引き〕が添えられており，詳細は同書に拠っていただきたい．

本章では，学生の実態を調査分析したので，『分かりやすく伝える外来語言い換え手引き』の，

㉓　■分かりにくい外来語とは

　この本では，外来語の分かりにくさを知るための目安として，その外来語の意味が国民にどのくらい理解されているのか，語ごとの「理解度」に着目しています．国民各層に対する調査に基づいて，その語の意味を理解している人が国民全体の中に占める比率が一定の水準に達していなければ，それはいまだ十分に定着していない外来語であり，分かりにくいものと考えました．この調査の具体的な方法や調査結果については，この本の

2. 学生たちの「カタカナ語の認識と使用」

表 6.2.1 / 表 6.2.2

外来語	言い換え語	学生の理解度
1) アイドリングストップ ◎和製語	停車時エンジン停止	★★☆☆
2) アクセス	(1) 接続 (2) 交通手段 (3) 参入	★★★★
3) イノベーション	技術革新	☆☆☆☆
5) インターンシップ	就業体験	★☆☆☆
7) オブザーバー	(1) 陪席者 (2) 監視員	★☆☆☆
8) キャピタルゲイン	資産の売却や値上がりによる収益	☆☆☆☆
9) ケア	手当て，介護	★★★☆
11) コンセンサス	合意	★☆☆☆
12) コンソーシアム	共同事業体	☆☆☆☆
13) シェア	(1) 占有率 (2) 分かち合う，分け合う	★★☆☆
14) スクーリング	登校授業	★☆☆☆
15) セキュリティー	安全	★★★★
17) デジタルアーカイブ ⇨アーカイブ	保存記録，記録保存館	☆☆☆☆
18) トレンド	傾向	★★☆☆
19) ノーマライゼーション	等生化	★☆☆☆
20) パートナーシップ	協力関係	★☆☆☆
22) ビジョン	展望	☆☆☆☆
23) フロンティア	新分野	★☆☆☆
24) ポテンシャル	潜在能力	★☆☆☆
26) マーケティング	市場戦略	★★☆☆
27) モチベーション	動機付け	★★☆☆
28) モニタリング	継続監視	★☆☆☆

『分かりやすく伝える外来語言い換え手引き』（ぎょうせい 2006）をもとに作成．

小林千草，新規作成．

「外来語の定着度」（⇒ p. 213）に詳しく記しましたので，参考にしてください。

　理解度は，大きく4段階に分けてとらえ，語ごとに星印の数で次のように表示しています。

　　★☆☆☆　その語を理解する人が国民の4人に1人に満たない段階（理解度25％未満）[注18]

　　★★☆☆　その語を理解する人が国民の2人に1人に満たない段階（理解度25％以上50％未満）

　　★★★☆　その語を理解する人が国民の4人に3人に満たない段階（理解度50％以上75％未満）

| ★★★★ | その語を理解する人が国民の4人に3人を超える段階（理解度75％以上） |

に記されている「理解度」表示をもとに，学生の理解度を図示することにし，それは表6.2.2の「★★☆☆」などにあたる．

『分かりやすく伝える外来語言い換え手引書』では，「★☆☆☆」から「★★★☆」までの3段階に属する語を「分かりにくい外来語」として扱っているので，「★★★★」の語である

- 4) インターネット
- 6) オピニオン
- 10) コーディネート
- 16) テーマ
- 21) パフォーマンス
- 25) ホワイトカラー
- 29) ライフスタイル
- 30) リスク

などは「既に十分定着している外来語」として，取り扱われていない．一方，「ケア」のように「国民全体では★★★★で，十分に定着している語でも，あえて提案に含めることにしたのは，この点への配慮が現段階では必要だと考えるから」（19～20頁）というものも含まれている．

今回，表6.2.2に表示した学生の理解度マークを見なおすと，「イノベーション」「キャピタルゲイン」「コンソーシアム」「デジタルアーカイブ」「ビジョン」などは，「言い換え語」の添え書きを要望するとともに，学生として理解語彙の一つに加えておくことも国際社会を生きるためには必要な学習であるようにも思う．そうして得たカタカナ語を使用語彙とするかどうかについては，各自に「日本語のあるべき姿」の信念がそなわっていたら，それほど心配することではないと思う．

外来語としての正しい意味，日本にとり入れられてカタカナ語として定着しつつある意味，それに該当する和語や漢語の言い換え語をバランス良く知ることができれば，学生たちに託された日本語の未来も明るいものとなろう．その

ためにも，五年ごとのカタカナ語世論調査や「外来語の言い換え手引書」の作成は不可欠のものと思われる．

3. おわりに

本章第2節で問題とした調査項目30個のうち，アクセス，インターネットは，情報──インターネット関連語とみなすことができる．学生たちは，高校時代にかなりの者がパソコンにふれて大学に来ているので，これらの用語の認識力・使用率は高いものとなっていた．しかし，2007年5月8日，インターネット上（http://newsflash.nifty.com/news/td/td_itmedia-mobile_20070508011.htm）にて得た次の記事を，他大学の情報学部学生を過半数含む授業で読ませて調査したところ，ここに出てくるアクセス，キャンペーン，クーポン，レンタル，サービス以外のカタカナ語の理解はきわめて低いものとなっていた．

㉔**携帯かざして情報取得──"紙"の携帯情報自販機「ドコデジ」**
　モバイルゲートは5月7日、おサイフケータイ対応非接触ICリーダーライターを搭載する情報自販機「ドコデジ」を発表した。
　ドコデジは、ビー・ユー・ジーの非接触ICリーダー／ライターを搭載した自動ジャンプアップ式の紙製POP。おサイフケータイをかざすだけで、モバイルサイトへのアクセスや各種キャンペーンへの応募、クーポンの取得などを行える。
　モバイルゲートでは、各種ケータイプロモーションに活用できるソリューションもASPで提供。アンケートや抽選機能を備えたモバイルサイトを作成できる専用Webコンテンツビルダーや、動画コンテンツを携帯に配信できるストリーミングサービスなどを用意する。同社はPOP、アクセスツール、ケータイサイト、各種ケータイソリューションと設置場所をパッケージ化した、クロスメディアソリューション商材としてドコデジ事業を運営する。
　ドコデジに必要な非接触リーダーライターなどの機器や、ケータイ向けの各種ソリューションサービスは、すべてレンタルおよびASPでの提供

となり，1カ月単位で利用可能．サービスは7月から提供開始する．

　同社はまた，モバイルゲート自体が事業主体となって行う，ドコデジを活用したB2Cでの電子書籍の販売事業も計画しているという．

（出典：ITmedia +D Mobile）

「ITオタク」と呼ばれる一部の人たちだけではなく，より一般の人に向けて情報発信したいのなら，このようなニュース記事も，言い換え語を添えるなどの工夫が必要であろう．

『日経パソコン用語事典』アの項目より，略号によるものを除いた主要語を示すと，表6.3のようになる．

これらのうち，アクセスとアーカイブ（デジタル・アーカイブ）は第2節の調査項目に入っており，その普及度は天地の差があった．「アイコン」「アカウント」「アクセサリーソフト」「アクティブウインドウ」「アダルトサイト」「アップデート」「アドレス」「アプリケーションソフト」など，「分かる」「何となく分かる」ものもあるが，インターネット語は現在，汎濫増殖中である．これらの語が，日常生活上パソコンを活用する人々にどれだけ理解されているのかなどの調査や，ふさわしい日本語のおきかえ（言い換え）などが考慮されなければならない時期に来ていると思われる．

表6.3

アーカイバー　アーカイブ　アーキテクチャー　アービトレーション　アイコン　アイドル　アイビームポインター　アウトソーシング　アウトラインフォント　アカウント　アクセサリーソフト　アクセス　アクセラレーター　アクティブウインドウ　アクティブセル　アクティブディレクトリ　アクティベーション　アセンブラー　アダルトサイト　アップグレード　アップデート　アップロード　アドインソフト　アドウェア　アドホック　アドミニストレーター　アドレス　アバター　アフィリエイトプログラム　アプライアンス　アプリケーションソフト　アプレット　アラート　アルゴリズム　アルファニューメリック　アローポインター　アンインストーラー　アンインストール　アンシャープマスク　アンダー　アンチエイリアシング　アンドゥー　アンフォーマット

注1　地域ブロック別・都市構成別・性別・性年齢別の分析も有益であるが，今，引用を略している．
注2　東海大学の「応用ゼミナール」における筆者担当時間内に，"アンケートのとり方と集計を学ぶ"という目的で，導入したものである．
注3　以下，調査項目のカタカナ語の定義は，『世論調査』64頁に拠る．
注4　引用文は，全て原文のまま．以下，同様．そのため，③の「結げて」のように，「繋げて」(つなげて)の誤記と思われるものも，そのまま反映されている．
注5　『広辞苑』(第五版)の「インターン【intern(e)】」項には，「日本では医学のインターンは1946年に導入、68年に廃止。」とある．
注6　『ジーニアス英和辞典』(CASIO電子辞書EX-word所収の第三版に拠る)には，「名詞に付けて抽象名詞を作る」として，「a状態・性質 ‖ friend*ship*」「b身分・地位 ‖ professor*ship*」「c能力・技量 ‖ leader*ship*」があげられている．
注7　『ジーニアス英和辞典』は，「coordinator」に，「同等［対等］にするもの［人］；調整するもの［人］；(企画推進などの)責任者，まとめ役，コーディネーター」という日本語訳を当てているが，その最後に，「コーディネーター」というカタカナ語をそのまま用いている．そこに，会議におけるコーディネーターのある程度の一般化がうかがわれる．
注8　『ジーニアス英和辞典』の「consensus」項に「the national consensus」があり，「国民の総意」と訳されているが，「国民のコンセンサスを得る」という言い方は，このあたりから発展した用法であろう．
注9　『広辞苑』(第五版)の「コンソーシアム」の定義を生かす．
注10　『広辞苑』(第五版)は，「コンソーシアム」に対して，「国際借款団」という漢語を冒頭にあげている．
注11　スクーター(scooter)より連想したものか．
注12　『広辞苑』(第五版)の定義引用．
注13　『ジーニアス英和辞典』に拠る．
注14　「ナノテクノロジー」に対して，『ジーニアス英和辞典』は，「nanotechnology《ナノメートル〈10億分の1メートル〉レベルの材料を扱う超微細加工技術》」と説明している．
注15　ファッション的には，うすいブルーやうすいピンクなども，現在は，あり得る．
注16　『広辞苑』(第五版)の「ディスプレー」②には，「コンピューターの出力として図形・文字等を画面に一時的に表示する装置」と記されている．
注17　「monitor lizard」は，「オオトカゲ」の意．
注18　「(理解度25％未満)」などのパーセント表示は，『分かりやすく伝える外来語言い換え手引き』における別箇所の記述を，ここに併記したものである．

第 7 章
外来語研究の「現在」

　本章では，"外来語研究の「現在」"と題して，最近（2004〜2005年）の外来語研究を『国語年鑑』2005年版・2006年版より紹介する[注1]．

1.『国語年鑑』2005年版より

○刊行図書
- (1)　*112*　それって英語？（大崎直忠）　日本文学館　2004-12
- (2)　*113*　和製英語が役に立つ〈文春新書 386〉（河口鴻三）　文芸春秋　2004-6
- (3)　*365*　外来語に関する意識調査報告書　全国調査〈全国調査報告書〉（国立国語研究所編刊）　2004-3
- (4)　*366*　行政情報を分かりやすく伝える言葉遣いの工夫に関する意識調査　自治体調査〈自治体調査報告書〉（国立国語研究所編刊）2004-3〔平成15年11月調査〕
- ●　*506*　日本語教育学の視点　国際基督教大学大学院教授飛田良文博士退任記念 *Japanese Language Education and Beyond*（論集編集委員会編）　東京堂出版　*2004-9*
- (5)　　　○森鷗外「舞姫」における外来語（杉本雅子）
- (6)　　　○国定読本における外国地名の考察（蔡洙静）
- (7)　　　○昭和文学に見られる和製外来語「リヤカー」（鈴木庸子）
- (8)　*589*　日本洋学史　葡・羅・蘭・英・独・仏・露語の受容（宮永　孝）

1. 『国語年鑑』2005 年版より　　155

三修社　2004-6

(9)　622　「エコノミック・アニマル」は褒め言葉だった　誤解と誤訳の近現代史〈新潮新書 084〉(多賀敏行)　新潮社　2004-9

(10)　688　常識として知っておきたいカタカナ語　文化庁世論調査 120 語を徹底解説（藤田英時）　ナツメ社　2004-5

(11)　689　ちょっと難しい最近の「カタカナ語」がわかる本〈知的生きかた文庫〉（ビジネスリサーチ・ジャパン）　三笠書房　2004-7

(12)　690　ネットでよくひくカタカナ新語辞典（三省堂編修所編）　三省堂　2004-4

(13)　691　マスコミに強くなる　カタカナ新語辞典 *A Dictionary of Katakana Words*　最新第 6 版（学研辞典編集部編）　学習研究社　2004-3

(14)　725　最新パソコン用語事典　2005〜2006 年版（大島邦夫；堀本勝久著　岡本茂監修）　技術評論社　2004-11

(15)　727　日経パソコン用語事典　2005 年版（日経パソコン編集部編）　日経 BP 社（日経 BP 出版センター）2004-10

(16)　728　わかりやすいコンピュータ用語辞典　第 9 版（高橋三雄監修）　ナツメ社　2004-4

○雑誌論文

(17)　92　『帝国議会衆議院秘密会議事速記録集』に於ける外国語の使用（伊藤孝行）　国学院大学大学院紀要　文学研究科 35　2004-3　329〜368 頁

(18)　242　外来語の複合語における略語の語構成（林慧君）　語文研究（九州大学）　97　2004-6　70〜55 頁

(19)　268　日本語における「片仮名イタリア語」の諸相（古浦敏生）　Nidaba　ニダバ（西日本言語学会）　33　2004-3　1〜10 頁

(20)　269　外来語音の定着と非定着（大和シゲミ）　大阪樟蔭女子大学日本語研究センター報告　12　2004-3　31〜40 頁

(21)　271　英語から派生した外来語に見られる音韻的・形態的・統語的・

意味的変化（田村育啓）　人文論集（神戸商科大学）　39-3/4　2004-3　137〜152頁

(22)　272　中東系外来語の実勢について　9.11以後の外来語現象を素材として（小林孝郎）　拓殖大学日本語紀要　14　2004-3　1〜14頁

(23)　273　外来語に関する基礎的研究（12）"女性"にかかわる外来系「な」形容詞の意味用法（戸田利彦）　比治山大学現代文化学紀要　10　2004-3　25〜34頁

(24)　274　借用語　その条件とタイプ（日野資成）　福岡女学院大学紀要　人文学部編14　2004-2　153〜161頁

(25)　275　Conroy, Paul："Katakanago" — Words on Loan Set to Create Interest in Language.　神田外語大学紀要　16，3　2004　435〜447頁

(26)　281　慣用的比喩表現　"ボディーブロー" をめぐって（三宅知宏）　鶴見大学紀要　国語・国文学編41　2004-3　7〜22頁

(27)　290　Jennings, Stephen：English Derived Words in Japanese；The Changes They Undergo and How They Interfere with Japanese EFL Learners' English Pronunciation.　神田外語大学紀要　16，3　2004　557〜571頁

(28)　364　連載；近代訳語を検証する（6）——科学（Scheikonst, Chimie）消化（Verteering）（杉本つとむ）　国文学　解釈と鑑賞（至文堂）　69-2　2004-2　187〜191頁

(29)　365　連載；近代訳語を検証する（7）——血球（Bloed-bol, Bloed-bolletje）（杉本つとむ）　国文学　解釈と鑑賞（至文堂）　69-3　2004-3　217〜221頁

(30)　366　連載；近代訳語を検証する（8）——望遠鏡（Vervekeyker）顕微鏡（Vergroot Glas・Microscopium）（杉本つとむ）　国文学　解釈と鑑賞（至文堂）　69-4　2004-4　203〜210頁

(31)　367　連載；近代訳語を検証する（9）——浣腸（Clysteer, Klister）（杉本つとむ）　国文学　解釈と鑑賞（至文堂）　69-5　2004-5

198〜202頁

(32) *368*　連載；近代訳語を検証する（10）——厚生（Huishouding）（杉本つとむ）　国文学　解釈と鑑賞（至文堂）　69-6　2004-6　175〜178頁

(33) *369*　連載；近代訳語を検証する（11）——失禁（Lekheid）　大便秘結（Alvus Constipata）　夢精（Zaad Vloed）（杉本つとむ）　国文学　解釈と鑑賞（至文堂）　69-7　2004-7　219〜223頁

(34) *370*　連載；近代訳語を検証する（12）——遺伝（Erfenis/Heredity）　生理（Physiologie）（杉本つとむ）　国文学　解釈と鑑賞（至文堂）　69-8　2004-8　181〜187頁

(35) *371*　連載；近代訳語を検証する（13）——子宮衝逆（Moerspel）　舞踏病（St. Vitus Dams）（杉本つとむ）　国文学　解釈と鑑賞（至文堂）　69-9　2004-9　172〜177頁

(36) *372*　連載；近代訳語を検証する（14）——翻訳のことわざ（1）　（A）空中楼閣　（B）鉄はあつき内に鍛ふべし（杉本つとむ）　国文学　解釈と鑑賞（至文堂）　69-10　2004-10　220〜226頁

(37) *373*　連載；近代訳語を検証する（15）——翻訳のことわざ（2）　（c）一石二鳥　（d）命は短く芸は長し（杉本つとむ）　国文学　解釈と鑑賞（至文堂）　69-11　2004-11　209〜217頁

(38) *374*　連載；近代訳語を検証する（16）——翻訳のことわざ（3）　オランダ渡りの〈諺〉（杉本つとむ）　国文学　解釈と鑑賞（至文堂）　69-12　2004-12　193〜196頁

(39) *376*　Oshima, Kimie：The Movement of Gairaigo Usage；The Case of the Asahi Newspaper from 1952 to 1997.　文京学院大学外国語学部文京学院短期大学紀要　3, 2 2004　91〜102頁

(40) *1144*　読売新聞社説の外来語　増加と停滞を中心に（橋本和佳）　同大語彙研究（同志社大学大学院）　6　2004-3　16〜25頁

(41) *1163*　カタカナ語　の　いいかえ　に　ひとこと（かわいひろし）

カナノヒカリ（カナモジカイ）　922　2004-2　207頁
- (42)　*1164*　カタカナ語の氾濫とその使用に於ける深層心理（熊抱ゆかり）　福岡大学人文論叢　35-4　2004-3　1731〜1744頁
- (43)　*1165*　外来語の受容と管理　言語政策の視点から（岡本佐智子）　北海道文教大学論集　5　2004-3　51〜62頁
- (44)　*1166*　パラグラフ；IT 時事展望（5）——氾濫する外来語の IT 用語，その最適な使い方と日本語化への一考察　わかり難い外来語を分かりやすくするための言葉遣いの工夫（甲斐睦朗）　情報通信ジャーナル（総務省情報通信政策局）　22-9　2004-9　4頁
- (45)　*1167*　連載：外来語の現状とその解決のために（9）——カタカナ語と外来語はどう違うのですか（甲斐睦朗）　文化庁月報　424　2004-1　29頁
- (46)　*1168*　連載：外来語の現状とその解決のために（10）——外来語言い換えの普及の問題（甲斐睦朗）　文化庁月報　425　2004-2　29頁
- (47)　*1564*　カタカナ語の表記指導に関する一試案（恩塚千代）　日本語學研究（韓國日本語學會）　9　2004-3　103〜115頁

2. 『国語年鑑』2006 年版より

○刊行図書

- 　　*84*　雑誌『太陽』による確立期現代語の研究　『太陽コーパス』研究論文集〈国立国語研究所報告122〉　*Research on the Formative Era of Contemporary Japanese Based on the Taiyo Corpus*（国立国語研究所編）　博文館新社　*2005-3*
- (48)　　○外国地名表記について　漢字表記からカタカナ表記へ（井出順子）
- 　　*85*　日本近代語研究 4　飛田良文博士古稀記念　*Studies on Modern Japanese*（近代語研究会編）　ひつじ書房　*2005-6*

(49)		○外来語研究の方法（飛田良文）
(50)		○文芸作品における外来語「スーツ」（木下哲生）
(51)		○森鷗外「ヰタ・セクスアリス」における外来語　使用実態と特徴（杉本雅子）
●	86	概説　現代日本のことば（佐藤武義編著）　朝倉書店　2005-6
(52)		○4. 外来語の現代（小林千草）
●	94	音韻研究8　2005　*Phonological Studies*（日本音韻学会編）　開拓社　2005-4
(53)		○島原市方言における複合語音調の中和と外来語音調（松浦年男）
(54)	95	日英外来語の発音（小林泰秀）　渓水社　2005-2
●	142	現代形態論の潮流（大石　強；西原哲雄；豊島康二編）　くろしお出版　2005-3
(55)		○日本語の新しいタイプの複合語　「リンス　イン　シャンプー」と「リンス入りシャンプー」（竝木崇康）
(56)		○「ストライキ」はなぜ「スト」か？　短縮と単語分節のメカニズム（窪薗晴夫；小川晋史）
(57)	152	恥ずかしい和製英語（ウォルシュ，スティーブン）　草思社　2005-10
(58)	161	現代雑誌の語彙調査　1994年発行70誌〈国立国語研究所報告121〉*A Survey of Vocabulary in Contemporary Magazines* (1994)（国立国語研究所編刊）　2005-3
●	195	日本語辞書研究3-下　木村晟博士古稀記念（近思文庫編）　港の人　2005-3
(59)		○キリシタン時代の翻訳法　文化の翻訳と新しい文体の創造（小島幸枝）
(60)	331	外来語に関する意識調査2　全国調査〈全国調査報告書〉（国立国語研究所編刊）　2005-3　〔平成16年10～11月調査〕
(61)	421	外来語・役所ことば言い換え帳（杉並区役所区長室総務課編）　ぎょうせい　2005-8

(62) *422* 外来語の社会学　隠語化するコミュニケーション〈広島修道大学学術選書 26〉（山田雄一郎）　春風社　2005-9　1. グローバリゼーションと外来語　2. 外来語と小説　大衆化の過程　3. 外来語とコミュニケーション　4. 隠語化するコミュニケーション　5. 外来語の未来

(63) *424* 東京都外来語言い換え基準（東京都総務局総務部文書課編刊）　2005-8

(64) *727* 日英語の比較　発想・背景・文化　奥津文夫教授古稀記念論集（日英言語文化研究会編）　三修社　2005-4

(65) *741* 明治大正翻訳ワンダーランド〈新潮新書 138〉（鴻巣友季子）　新潮社　2005-10

(66) *784* カタカナ語新辞典　改訂新版（新星出版社編集部編）　新星出版社　2005-12

(67) *785* 日経新聞を読むためのカタカナ語辞典　*Dictionary to Katakana Words for Reading the NIKEI*　改訂版（三省堂編修所編）　三省堂　2005-5

(68) *805* 俳句カタカナ語辞典（高橋悦男編）　文学の森　2005-3

(69) *843* 日経パソコン用語事典　2006 年版（日経パソコン編集部編）　日経 BP 社（日経 BP 出版センター）　2005-10

○雑誌論文

(70) *33* 連載；国語研究の最先端（12）──「外来語」言い換え提案はどう受け止められているか（相沢正夫）　文化庁月報　438　2005-3　30 頁

(71) *192* 外来語の音節構造とアクセント（坂本清恵）　論集（アクセント史資料研究会）　1　2005-9　1 〜 24 頁

(72) *302* 類義関係のあり方　「カップ」と「コップ」を中心に（遠藤裕子）　拓殖大学語学研究　108　2005-3　25 〜 42 頁

(73) *327* 特集；日本語に入ったことば，日本語から出たことば──借用漢語，外来語（ゆもとしょうなん）　国文学　解釈と鑑賞（至

　　　　　　文堂）　70-1　2005-1　6〜16頁
(74)　*330*　コミュニケーションという語の検索（山内啓介）　言語文化〈愛知淑徳大学言語コミュニケーション学会紀要〉　13　2005-3　46〜60頁
(75)　*331*　新聞記事データベースを利用した外来語の出現率の推移調査（柏野和佳子；山口昌也；桐生りか；田中牧郎）　自然言語処理（言語処理学会）　12-4　2005-8　97〜116頁
(76)　*332*　外来語「スマート」の語義について（中道知子）　大東文化大学紀要　人文科学　43　2005-3　207〜215頁
(77)　*334*　歯止めが効かないカタカナ語の氾濫　学生の視点を交えて（熊抱ゆかり）　比較文化研究（日本比較文化学会）　68　2005-7　69〜78頁
(78)　*335*　カタカナ語の定義　その形成特徴および発展趨勢（石若一；董暁紅）　東アジア日本語教育・日本文化研究　8　2005-3　381〜391頁
(79)　*336*　氾濫するカタカナ語　'歯止め'から'共生'へ（熊抱ゆかり）　福岡大学人文論叢　37-2　2005-9　633〜648頁
(80)　*337*　和製英語の複合語について（姫田慎也）　龍谷大学国際センター研究年報　14　2005-3　59〜67頁
(81)　*340*　特集；ネーミングの諸相——映画タイトルにおける外来語・外国語使用（橋本和佳）　日本語学（明治書院）　24-12　2005-10　42〜52頁
(82)　*341*　特集；日本語に入ったことば，日本語から出たことば——異文化で作られた概念の受容　外来語の現在（氏家洋子）　国文学　解釈と鑑賞（至文堂）　70-1　2005-1　17〜26頁
(83)　*342*　特集；日本語に入ったことば，日本語から出たことば——外来語の諸相　外国語と外来語　流行曲に見る（小矢野哲夫）　国文学　解釈と鑑賞（至文堂）　70-1　2005-1　68〜75頁
(84)　*343*　特集；日本語に入ったことば，日本語から出たことば——外来語の諸相　外来語問題の原理的考察　日本語とポーランド語

の例から（ホウダ，マーチン）　国文学　解釈と鑑賞（至文堂）　70-1　2005-1　76〜88頁

(85)　*353*　カタカナ書き商業地名の展開（鏡味明克）　愛知学院大学文学部紀要　34　2005-3　83〜92頁

(86)　*354*　日本語における会社名の変遷に関する考察　カタカナ語使用を中心として（加藤早苗）　岐阜聖徳学園大学国語国文学　24　2005-3　100〜88頁[注2]

(87)　*356*　商標の普通名称化問題における言語学的論点　ウォークマン事件を題材に（首藤佐智子）　社会言語科学（社会言語科学会）　7-2　2005-3　14〜24頁

(88)　*431*　特集；日本語に入ったことば，日本語から出たことば――外来語の諸相　川柳・雑俳にあらわれた外来語　近世の基本外来語をさぐる（神戸和昭）　国文学　解釈と鑑賞（至文堂）　70-1　2005-1　56〜67頁

(89)　*432*　特集；日本語に入ったことば，日本語から出たことば――「外行」語―ソトへ出た日本語　江戸時代までの外行語（石綿敏雄）　国文学　解釈と鑑賞（至文堂）　70-1　2005-1　89〜95頁

(90)　*433*　神の翻訳史（鈴木広光）　国語国文（京都大学）　74-2　2005-2　1〜17頁

(91)　*441*　小特集；日本語学――明治の語彙　『西洋穴探』という文献を中心に（寒河江実）　語文（日本大学）　121　2005-3　86〜101頁

(92)　*442*　連載；近代訳語を検証する（17）――鉛筆（pot-loot/pencil）・瓦斯灯（gas-lamp）（杉本つとむ）　国文学　解釈と鑑賞（至文堂）　70-1　2005-1　217〜222頁

(93)　*443*　連載；近代訳語を検証する（18）――ラケット（raket）・コーヒ（珈琲）（杉本つとむ）　国文学　解釈と鑑賞（至文堂）　70-2　2005-2　196〜201頁

(94)　*444*　連載；近代訳語を検証する（19）――セメント（Cement．摂綿

篤)(杉本つとむ) 国文学 解釈と鑑賞(至文堂) 70-3 2005-3 200〜203頁

(95) 445 連載;近代訳語を検証する(20)——郵便(Post, mail)・カテーテル(katheter/catheter)(杉本つとむ) 国文学 解釈と鑑賞(至文堂) 70-4 2005-4 205〜212頁

(96) 446 連載;近代訳語を検証する(21)——度禄布(drop)〈ドロップ〉・花粉(stuif meel)(杉本つとむ) 国文学 解釈と鑑賞(至文堂) 70-5 2005-5 200〜204頁

(97) 447 連載;近代訳語を検証する(22)——癌(kanker)・寒暖計(thermometer)(杉本つとむ) 国文学 解釈と鑑賞(至文堂) 70-6 2005-6 243〜246頁

(98) 448 連載;近代訳語を検証する(23)——験温子(つづき)〈カンダンケイ〉〈寒暖計〉紹介の資料(杉本つとむ) 国文学 解釈と鑑賞(至文堂) 70-7 2005-7 229〜235頁

(99) 449 連載;近代訳語を検証する(24)——ポンプ(Pomp)・スポイト(spuit)(杉本つとむ) 国文学 解釈と鑑賞(至文堂) 70-8 2005-8 226〜232頁

(100) 450 連載;近代訳語を検証する(25)——蒸気(stoom)〈ストーム〉/蒸気機(stoom werktuig)・蒸気船(stoom schip)・蒸気車・瀛車(stoom wagen)(杉本つとむ) 国文学 解釈と鑑賞(至文堂) 70-9 2005-9 212〜215頁

(101) 451 連載;近代訳語を検証する(26)——科学(science)・体系(system, stelsel)/コモン・センス・良識(comon sence)(杉本つとむ) 国文学 解釈と鑑賞(至文堂) 70-10 2005-10 225〜233頁

(102) 452 連載;近代訳語を検証する(27)——彼女(zij, she)・コルク(kurk, cork)(杉本つとむ) 国文学 解釈と鑑賞(至文堂) 70-11 2005-11 194〜202頁

(103) 453 連載;近代訳語を検証する(28)——零(unl, źero/ゼロ)〈レイ〉・リトマス(lakmoes, litmus)試験紙(杉本つとむ) 国文学

　　　　　　　解釈と鑑賞（至文堂）　70-12　2005-12　171〜177頁
(104)　*459*　小型国語辞典等における「スポーツボランティア」に関する望ましい記述について（清水泰生）　スポーツボランティア学研究（日本スポーツボランティア学会）　1-1　2005-11　41〜46頁
(105)　*1017*　特集；日本語に入ったことば，日本語から出たことば——諸言語における借用の特徴　方言にあらわれる漢語・外来語　東日本方言（佐藤雄一）　国文学　解釈と鑑賞（至文堂）　70-1　2005-1　169〜175頁
(106)　*1018*　特集；日本語に入ったことば，日本語から出たことば——諸言語における借用の特徴　方言にあらわれる漢語・外来語・西日本方言・琉球語（田尻英三）　国文学　解釈と鑑賞（至文堂）　70-1　2005-1　176〜181頁
(107)　*1480*　〈研究ノート〉広告で見るカタカナ語について　食品販売店4社の食品広告を例として（片田康明）　天理大学学報　56-2　2005-2　151〜159頁
(108)　*1491*　国立国語研究所「『外来語』言い換え提案」について　使用意識調査の結果と分析（椙村清安子）　山口国文（山口大学）　28　2005-3　66〜55頁
(109)　*1508*　現代日本語への英語の浸透について　「ABC語」の現況および「アルファベットの読み方」から（大橋敦夫）　Roomazi Sekai（日本ローマ字会）　744　2005-4　36〜43頁
(110)　*1509*　特集；ことばのルール——外来語の言い換えと規範（田中牧郎）　日本語学（明治書院）　24-10　2005-9　6〜19頁
(111)　*1536*　連載；戦後国語施策の歩み——国語審議会報告書を読む(38)——答申「国際社会に対応する日本語の在り方」(2)　外来語増加への対応と姓名のローマ字表記（野村敏夫）　月刊国語教育（東京法令出版）　25-6　2005-8　60〜61頁
(112)　*1761*　連載；国語科教育が言葉の教育になる日は来るのか(5)——語彙指導の教材づくりは「和語・漢語・外来語」だけなのか

(渋谷孝) 教育科学国語教育（明治図書出版） 47-8 2005-8 117〜121頁
(113) *2017* 〈研究報告〉カタカナ語形容詞のインターネット上での使用状況 カタカナ語教材作成に向けて（新川以智子；加藤理恵） 名古屋大学日本語・日本文化論集12 2005-3 141〜158頁
(114) *2358* 中国語の中の外来語 音訳か意訳かそれとも音訳と意訳のミックスか（呉大綱） 梅花女子大学文化表現学部紀要2 2005-12 89〜95頁
(115) *2374* 特集；日本語に入ったことば，日本語から出たことば——諸言語における借用の特徴 韓国語に入ってきた日本語 日本式漢字語（漢語），固有語（和語），外来語（和製英語）を対象に（申宗泰） 国文学 解釈と鑑賞（至文堂） 70-1 2005-1 117〜131頁
(116) *2375* 特集；日本語に入ったことば，日本語から出たことば——諸言語における借用の特徴 中国語と外来語（彰広陸） 国文学 解釈と鑑賞（至文堂） 70-1 2005-1 132〜142頁

3. 2004〜2005年の動向

『国語年鑑』2005年版は，2004年1〜12月の，同2006年版は，2005年1〜12月の発刊・発表を収録しているので，本章第1節および第2節を通して，2004〜2005年の外来語研究の動向をうかがうことができる．

　2004年は47件，2005年は69件の成果をひろうことができた．

　2004年は，(12)〜(16)のようなインターネット，パソコン用語としてのカタカナ語辞典（事典）が競って出版されていることに特徴があり，2005年は，「国文学　解釈と鑑賞」2005年1月号（至文堂）が「日本語に入ったことば，日本語から出たことば」という特集を組み，漢語とともに外来語につき，多方面からの照射を試みたことで，成果件数が大幅に伸びている．

　国立国語研究所編刊のものとして，(3)(4)(48)(58)(60)，文化庁月報と

して（45）（46）（70），総務省情報通信政策局のものとして（44），杉並区役所区長室総務課編として（61），東京都総務局総務部文書課編刊として（63）があり，これらは公的機関が外来語（カタカナ語）の有する問題点に積極的にとりくんだ軌跡となっている．

（25）（27）（57）は，英語圏の外国人による考察であり，近年このような試みは増加の傾向にある．

（115）（116）は，韓国語，中国語に入った外来語を扱っているが，東アジア文化圏における外来語受容の共通性や差異を比較探究することは，今後重要な手順となってくるであろう．

外来語と言えば，英語圏のものがまず頭に浮かぶが，（19）はイタリア語を，（22）は中東系の語を対象とする．今後，これら英語圏以外からの借用についても，動的な研究がのぞまれる．

（53）は，日本の方言における外来語の音調を扱ったものであるが，共通語としてTV・ラジオで発される音調が各方言においてどのように変調しているのか，幼児～老年層まで追跡調査することで，逆に，方言のもつ規則性や特性が浮き出ることになり，きわめて刺激的な分野である．カタカナ語120語に関する平成14年度世論調査でも各県別の集計がなされ，その地域別の"差異"や"ゆれ"からさまざまな社会的・文化的・経済的背景を読みとることができるが，「音調」という面は今後にゆだねられている．

（54）は，日英外来語の発音を扱い，（71）は外来語の音節構造とアクセントを扱ったものである．

これからの外来語研究は，発音・音節構造・アクセント（音調）や，意義用法の実態調査，原語との距離，受容史，そして国語政策としての「公（おおやけ）」の"使用上の手引き提案"など，総合的な視野を有しつつ，個々のテーマを深化させる必要がある．

注1 『国語年鑑』2005年版は，2004.1.1～12.31間に発表されたもの，2006年版は，2005.1.1～12.31間に発表されたものを対象として収録している．それぞれには，前年版の「追補」があるが，今，省いている．

注2 「100～88頁」のように，前より後の数字が若いものは，一書の中で縦組みと横組みとがなされている場合の頁付けの結果を反映したものである．

終章
──ささやかな提言

　ますます国際化し，先端科学・技術の進化にともなって，外来語は増える一方であることが予想される．漢語受容史とも連関させ，キリシタン時代・蘭学時代・幕末明治の文明開化期に至る外来語受容史をふり返るとともに，ここ100年の受容史を精査しつつ，現在，近未来のカタカナ語調査・分析そして提言へと研究活動そのものも量的にも質的にも活性化していかねばならない．

　そのような思いのもとに，本書を構成し，執筆していったが，広範な「外来語の世界」「外来語研究の領域」から見れば，ひと掬いの世界でしかない．しかし，とにかく，"個"という単位で内面化できる"小さいが緊密な外来語の世界・領域"は描くことができたのではないだろうか．

　本書で触れられなかった研究視点や領域については，第7章で紹介した『国語年鑑』などを検索し，『日本語学論説資料』（第25号以前は『国語学論説資料』と称す）に収録されている論文にあたり，各論文よりさらに先行論文へとさかのぼって，十分な研究情報を得ていただきたい．

　「外来語」は，ある面では，国際化や先端科学・技術のバロメーター（指標）である．美しい日本語を願うならば，「外来語」の受容にも，美しい姿勢というものがあるはずである．「公（おおやけ）」の提案を待つ一方，個々人が「外来語」に関する基礎知識を有し，日常生活でのことば選びが可能であってほしい．本書がその一助となれば，幸いである．

　日本語の柔軟性が，地球規模で国際化する世界において良い方向に働くことを期待しているので，もともとの日本語（和語）をいつくしみ楽しむ心があるならば，外来語の将来も明るいのではないだろうか．和語をいつくしみ楽しむ

心を育てるのは，古典文学を含めた国語教育である．よいものを，小・中・高校生に十分に時間をかけて触れさせることこそが，外来語に対処する遠くて近い道であることを，最後に提言しておきたい．

索　引

あ 行

アイコン　152
アイドリングストップ　126, 129
アーカイブ（ス）　138
アカウント　152
アクセサリーソフト　152
アクセス　130, 151
芥川龍之介　10
アクティブウインドウ　152
阿闍梨（アジャリ）　1
アダルトサイト　152
アーチスト　49
アップデート　152
アドレス　152
アバウト　81, 82
アピール　66
アピール選挙　67
アフターケア　134
アブノーマル　140
アプリケーションソフト　152
『天草版平家物語』　21
アングル　48
アンケート　63
アンケート結果　64

イー（－）　1
言い換え　160, 164
言い換え語　149
イタリア語　56
イノベーション　130, 150
インカム・ゲイン　134

『引照新約全書　約翰伝福音書』　20
インスピレーション　69
インターネット　119, 125, 131, 150, 151, 165
インターネット語　152
インターンシップ　132

エケレジヤ　4
エスペランサ　13, 14
（ゑすぺらんさ　16）
（エニス　27）
エフフエクト　49

お返し　100
オピニオン　133, 150
オフィス－レディー　58
オブザーバー　133
オラショ　4
オランダ語　56
音訳　26

か 行

外行語　162
外国語　1, 2, 122, 155
外国地名表記　158
外来語　1, 2, 61, 122, 148, 150, 154～161, 164, 165, 167
　──（の）言い換え　148, 158, 164
　──の定着度　149
外来語音　155

外来語音調　159
外来語研究　101, 154, 159, 167
角度　48
画工　49
臥薪嘗胆　99
片仮名イタリア語　155
カタカナ書き　162
カタカナ語　3, 71, 72, 83, 90, 111, 119, 121～125, 150, 155, 158, 160～162, 164～167
カタカナ表記　3, 84, 100
カタカナルビ　28
カッパ　4
カップ　110
カラーコーディネーター　135
カレーライス　48
漢語　1, 7, 16, 18
カンニング　59

希望　14
逆ゲット　75
キャピタル・ゲイン　134, 150
キャラ　80
キャラクター　80, 81
キャラ的　81
狂言「布施無経」　7
餃子（ギョーザ）　1
キリシタン　4
キリシタン伝来　4
キリシタン用語　10

索引

近代訳語　156, 157, 162, 163

クリア　105
クリアする　114
クルス　4
クレーム　66

ケア　134
ケアマネージャー　134
ゲット　74, 75
ゲートボール　58
ゲームキャラ　81
ケレド　18
ケント紙　48

国語政策　166
『国語年鑑』　154, 158, 165
コップ　110
コーディネート　135, 148, 150
御（ゴ）パシヨン　9, 21
コミュニケーション　160, 161
高粱（コーリャン）　1
ゴールイン　60
コレジヨ　4
コンシエンシヤ　4
コンセンサス　135
コンソーシアム　136, 150
コンタス　4
『こんてむつす-むん地』　11
コンパニア　4
コンヒサン　4
コンピュータ用語辞典　155

さ　行

再起　100
『最後の一句』　2, 6
さるべ-れじいな　15
『サルワトル-ムンヂ』　11
『三四郎』　3, 24～57
サンタ-マリヤ　4
『サントスの御作業』　8

シェア　136
シエクスピヤ（沙翁）　28
仕返し　99
シーツ　48
シート　48
借用語　156
シャボン　4
ジユスチイサ　4
小片　49
新キャラ　81
スクーリング　137
スケートリンク　58
ストレイ、シープ（迷へる子）　50～55
ストレイシープ（stray sheep）　50～55
ストレイシープ（迷羊）　50～55
スピリツ　10, 11
スピリツアル　4
スピリツツ　11～13, 77
スピリット　10, 11
スピリット　12, 77, 78
スマート　59, 161

セキュリティー　137
セズ-キリシト　4

蘇生　17, 18
蘇生ス（ル）　17, 18
ソフト（な）　112, 113
ソフト・ドリンク　112

た　行

たのもし　15
タバコ　4
ターミナル　76
ターミナル・ケア　76
ターミナル・ステーション　76
タレント　61～63

チェック　69
チェック-アンド-バランス　69
中東系外来語　156
坪内逍遙　23, 24, 57

デイケア　134
テイスト　104
デウス　4
デジタル・アーカイブ　138, 150
データベース　161
デビル　46
テーマ　138, 148, 150
天声人語　61
ドイツ語　56
『当世書生気質』　2, 23, 24, 56
『どちりいな-きりしたん』　11, 15, 19, 21, 79
ドーナツ　111
トラブル　68
トレンディードラマ　139
トレンド　139

な　行

ナイター　58
ナイトショー　58
夏目漱石　24, 27, 29, 42, 43, 47
『日葡辞書』　7, 22
人気キャラ　81

ネット　155
ネーティブ-スピーカー　71

涅槃（ネハン）　1

のぞみ　15
のぞむ　14

索　引

は行

ノート　46
ノーマライゼーション　139, 140
ノーマル　140

ハイカラ　60
バウチズモ　4
バス・ターミナル　77
パソコン用語　165
パソコン用語事典　152, 155, 160
パートナー　140, 141
パートナーシップ　140
パフォーマンス　141, 148, 150
バブル　64
バブル経済　64
バランス　104, 110

ビジョン　142, 150
ビール　49
ヒント　68

ファッションコーディネーター　135
不干（ふかん）ハビアン　21
復讐　99
復活　100
『復活』（Voskrjesjenije）　20
プラス　70, 108～110
フランス語　56
フリーダイヤル　113, 116
ブルーカラー　143
ブレンド　106, 107, 117
フロンティア　142

ページ　49
ペーチクル　49
ヱニス　27
ヱニス　27
ベル　46, 52
ペン　43, 52

ボア（ボーラ）　44, 46
『奉教人の死』　10
方言　159, 166
ホスピス　77
ポテンシャル　143
ホーム　59
ホーム-ページ　65, 113 ～115
ホームメイド　104
ホワイトカラー　143, 150
本語　9, 19, 21
梵語（サンスクリット）　1
翻訳　160
翻訳法　159

ま行

マイ　59
マイナス　70, 109
マイルド　105, 107, 108
マーケット・リサーチ　144
マーケティング　143
マーケティング・リサーチ　144
マーメイド　46
まるちり　10
マルチリウム　6, 10
マルチリヨ　6, 9, 10
マルチル　6
マルチル（丸血留）　9
『丸血留の道』　9
マルチレス（丸血礼数）　9

ミレニアム　78, 79

ムーディー　58, 59

メモリー　79, 80
メモリ　80
メリヤス　4

モダンガール　60
モダンボーイ　60
モチベーション　144

モニター　146
モニタリング　145
森鷗外　2, 6, 28, 159

や行

訳語　2, 13, 16, 19, 24
役所ことば言い換え　159

洋語　2, 3, 61
よみがへ（活）ル　18

ら行

ライスカレー　48
ライフ-サイエンス　147
ライフ-サイクル　147
ライフ-ジャケット　147
ライフスタイル　147, 150
ライフ-ステージ　147
ライフ-セービング　147
ライフ-ヒストリー　147
ライフ-ボート　147
ライフ-ライン　147
ライフ-ワーク　147
『羅葡日対訳辞典』　14

リヴェンジ　99
リスク　147, 148, 150
リベンジ　73, 74, 83～100
流行語　101
リンゴジュース　103

レスレサン　16, 18

ロシア語　56

わ行

若者語　101
分かりにくい外来語　148, 150
和語　16, 18
和製英語　1, 3, 58, 60, 61, 114, 154, 159, 161
和製外来語　61

ワットマン　48

ゑすぺらんさ　16

欧　文

『*Compendium*（講義要綱）』
　　10, 11, 13, 16, 19, 21, 79
English-speaker　71
entertainer(s)　62

Fongo.　7
ice rink　58
IT 用語　60, 158
midnight show　58
mild　108, 113
monitor　145
monitoring　146
night game　58
office girl　58
recipe　115

show-case　67
skating rink　58
soft　112, 113
spirit　11
stray sheep　50〜55
strong　108
sweeper　96
VOX POPULI, VOX DEI
　　61, 71
Web site　65

著者略歴

小林 千草(こばやし ちぐさ)

1946年生まれ，京都育ち．
1972年に東京教育大学大学院文学研究科修士課程修了．
1985年に佐伯国語学賞を，2002年に新村出賞を受賞．
現在，東海大学文学部教授．博士（文学）
著書『日本書紀抄の国語学的研究』（清文堂）
　　　『中世のことばと資料』『中世文献の表現論的研究』
　　　『文章・文体から入る日本語学』
　　　『ことばから迫る能（謡曲）論―理論と鑑賞の新視点―』
　　　『ことばから迫る狂言論』（以上，武蔵野書院）
　　　『原本「信長記」の世界』（新人物往来社）
　　　『応仁の乱と日野富子』（〈中公新書〉中央公論社）
　　　『太閤秀吉と秀次謀反『大かうさまぐんき』私注』（ちくま学芸文庫）
　　　『ことばの歴史学―源氏物語から現代若者ことばまで』（丸善ライブラリー）
　　　『近松 母と子，女と男のコミュニケーション』（平凡社選書）
　　　『女ことばはどこへ消えたか？』（光文社新書）など．

シリーズ〈現代日本語の世界〉4
現代外来語の世界　　　　　　　　　　　定価はカバーに表示

2009年 8月25日　初版第1刷
2010年12月25日　　　第2刷

　　　　　　　　著　者　小　林　千　草
　　　　　　　　発行者　朝　倉　邦　造
　　　　　　　　発行所　株式会社 朝倉書店
　　　　　　　　　　　　東京都新宿区新小川町 6-29
　　　　　　　　　　　　郵便番号　162-8707
　　　　　　　　　　　　電　話　03（3260）0141
　　　　　　　　　　　　FAX　03（3260）0180
　　　　　　　　　　　　http://www.asakura.co.jp

〈検印省略〉

Ⓒ 2009〈無断複写・転載を禁ず〉　　教文堂・渡辺製本

ISBN 978-4-254-51554-1　C 3381　　　Printed in Japan

◈ シリーズ〈現代日本語の世界〉〈全6巻〉 ◈

佐藤武義編集／現代日本語の含まれる様々な「ことば」の問題点と課題を解説

宮城学院女子大 田島　優著
シリーズ〈現代日本語の世界〉3

現 代 漢 字 の 世 界

51553-4　C3381　　　　　Ａ５判 212頁 本体2900円

私たちが日常使っている漢字とはいったい何なのか、戦後の国語政策やコンピュータの漢字など、現代の漢字の使用と歴史から解き明かす。〔内容〕当用漢字表と漢字／教育漢字／常用漢字表と漢字／人名用漢字／JIS漢字／他

国立国語研 大西拓一郎著
シリーズ〈現代日本語の世界〉6

現 代 方 言 の 世 界

51556-5　C3381　　　　　Ａ５判 136頁 本体2300円

地理学・民俗学などに基づき、方言の基礎と最新情報を豊富な図表を交えてわかりやすく解説。方言の魅力と、その未来を考える。〔内容〕方言とは何か／日本語の方言／方言の形成／方言の分布／地理情報としての方言／方言の現在・過去・未来

前東北大 佐藤武義編著

概説 現 代 日 本 の こ と ば

51027-0　C3081　　　　　Ａ５判 180頁 本体2800円

現代日本語は、欧米文明の受容に伴い、明治以降、語彙を中心に大きな変貌を遂げてきた。本書は現在までのことばの成長過程を概観する平易なテキストである。〔内容〕総説／和語／漢語／新漢語／外来語／漢字／辞書／方言／文体／現代語年表

前東北大 佐藤武義編著

概説 日 本 語 の 歴 史

51019-5　C3081　　　　　Ａ５判 264頁 本体2900円

日本語の歴史を学ぶ学生のための教科書であると共に、日本語の歴史に興味のある一般の方々の教養書としても最適。その変貌の諸相をダイナミックに捉える。〔内容〕概説／日本語史の中の資料／文字／音韻／文法／語彙／文体・文章／方言史

学習院大 中島平三監修　津田塾大 池内正幸編
シリーズ朝倉〈言語の可能性〉3

言 語 と 進 化 ・ 変 化

51563-3　C3381　　　　　Ａ５判 260頁 本体3800円

言語の起源と進化・変化の問題を様々な視点で捉え、研究の現状と成果を提示すると共に今後の方向性を解説。〔内容〕総論／進化論をめぐって／言語の起源と進化の研究／生態学・行動学の視点から／脳・神経科学の視点から／言語の変異／他

学習院大 中島平三監修　南山大 岡部朗一編
シリーズ朝倉〈言語の可能性〉7

言 語 と メ デ ィ ア ・ 政 治

51567-1　C3381　　　　　Ａ５判 260頁 本体3800円

言語とメディアと政治の相互関連性を平易に詳しく解説。〔内容〕序章／言語とメディア／プリント・メディアの言語表現／ニュース報道の言語表現／テレビにおけるＣＭの言語表現／映像メディアの言語表現／政治の言語と言語の政治性／他

前大阪教育大 中西一弘編

新版 や さ し い 文 章 表 現 法

51032-4　C3081　　　　　Ａ５判 232頁 本体2600円

文章をいかに適切に書けるかは日常的な課題である。多くの例を掲げ親しみやすく説いた、文章表現法の解説・実践の手引き。〔内容〕気楽にちょっと／短い文章(二百字作文)を書いてみよう／書く生活を広げて／やや長い文章を書いてみよう／他

前阪大 前田富祺・京大 阿辻哲次編

漢 字 キ ー ワ ー ド 事 典

51028-7　C3581　　　　　Ｂ５判 544頁 本体18000円

漢字に関するキーワード約400項目を精選し、各項目について基礎的な知識をページ単位でルビを多用し簡潔にわかりやすく解説(五十音順配列)。内容は字体・書体、音韻、文字改革、国語政策、人名、書名、書道、印刷、パソコン等の観点から項目をとりあげ、必要に応じて研究の指針、教育の実際化に役立つ最新情報を入れるようにした。また各項目の文末に参考文献を掲げ読者の便宜をはかった。漢字・日本語に興味をもつ人々、国語教育、日本語教育に携わる人々のための必読書。

上記価格（税別）は 2010 年 11 月現在